HISPANIDADES

ESPAÑA
LA PRIMERA HISPANIDAD

DAVID CURLAND
University of Oregon (Emeritus)

ROBERT DAVIS
University of Oregon

LUIS VERANO
University of Oregon

HISPANIDADES
ESPAÑA: La Primera Hispanidad

The above authors are solely responsible for the content of this book with the following exceptions, for which permissions are indicated:

Design & Production: Christian Maurer, Layoutsinc.com

Literary Selections:
Ana María Matute, "El Rio" Short story belonging to the work HISTORIAS DE LA ARTAMILA © Ana Maria Matute 1956. Reprinted with permission.

"Animal" by Maria Tena Copyright © 2001. Reprinted with permission.

Mural GUERNICA @ Estate of Pablo Picasso/Artists Rights Society (ARS) New York

Poster courtesy of George Gessert, University of Oregon

Maps used courtesy of the University of Texas Libraries, Austin, TX

Mural Emiliano Zapata Agrarian Leader History of Morelos © 2009 Banco de Mexico Diego Rivera & Frida Kahlo Museums Trust, Del. Cuauhtémoc 06059, Mexico, D.F.

As explained in the preface this text uses the film series EL ESPEJO ENTERRADO written and presented by Carlos Fuentes and provided by arrangement with Public Media, Inc. and SOGEPAQ

The Complete file series, EL ESPEJO ENTERRADO, on DVD along with additional resources and information pertaining to both Hispanidades books may be obtained at:

WWW.HISPANIDADES.INFO

The original companion study guide for EL ESPEJO ENTERRADO (Curland, Epple, Heinrich) ISBN 0-07-015049-4 is published by McGraw-Hill Higher Education

HISPANIDADES: ESPAÑA. LA PRIMERA HISPANIDAD (ISBN 978-0-9822217-0-9) and HISPANIDADES: LATINOAMERICA Y LOS EE.UU. (ISBN 978-0-9822217-1-6)

A complete videoscript is also available from Microangelo Entertainment at WWW.HISPANIDADES.INFO

Welcome to Hispanidades!

Welcome to **Hispanidades, España: La primera hispanidad!** After acquiring the basics of the Spanish language and cultures in introductory courses, you can now begin a more in-depth study of the different cultures in the Spanish-speaking nations. This multi-media course is designed to provide you with the background you will need to understand Hispanic culture, including, of course, that of the growing Latino population of the US, one of the three "hispanidades" explored by Carlos Fuentes in his narration for **The Buried Mirror (El espejo enterrado)**.

This film series is a magnificent visual depiction of the history and culture of Spain (the topic of this book) and it's companion book, Latin America. Fuentes, Mexico's renowned novelist and social commentator, provides a personal interpretation of what we, the viewers, see dramatically presented on screen.

Hispanidades draws heavily on segments from **El espejo enterrado** for its chapter themes, adding related literary readings and occasional short essays. Since language can never be taken for granted, this text will give you the opportunity to both review and advance your knowledge of the vocabulary and grammar of Spanish.

While we make no attempt in these texts to present a complete history of Hispanic civilization and the variety of geographical regions it represents, the authors do believe that students who follow the **Hispanidades** course will emerge with an essential framework for continued study of the Spanish language, Hispanic culture and its rich literary heritage.

Chapter Walkthrough

Each chapter contains the following:

ORIENTACIÓN CRONOLÓGICA
A timeline of historical events relevant to the chapter topics.

INTRODUCCIÓN
An overall introduction to the topic: its connection with Spanish history, and its cultural and historical importance, the points highlighted by Carlos Fuentes in the film **El espejo enterrado**.

PREPARACIÓN DEL TEMA
Questions and research topics that will begin students on their exploration of the chapter theme and provide content and linguistic support for comprehension of the video segments.

GUIÓN
A verbatim transcript of the video segments used in the chapter. Fuentes often employs an advanced level of language and occasionally complex concepts in his commentary. The visual accompaniment helps clarify what otherwise would be challenging material. Nevertheless, students should read the script both before and after viewing the video segments. Students will find the language and concepts contained in the video reverberating throughout the chapter. Topics for discussion are also provided after the videoscripts. NOTE: in interest of economy, at some points video continues without the **guión**, indicated with a series of asterisks and time elapsed in brackets. Scripts then resume to coincide with video.
The scripts are followed by questions to check comprehension and foster group discussion.

NOTAS DE LENGUA
Short selections that give linguistic insights related to chapter topics. Language is viewed in its social context, drawing students' attention to questions such as: What are dialects? What impact does religion have on language? How have censorship and political structures impacted the development of language in Spain? As is true throughout the text, considerations of space have restricted the scope of these notes, but they should suffice to point the way for further research.

GRAMÁTICA EN BREVE
A limited number of specific grammar issues are reviewed with examples drawn from the chapter content. While most of these topics represent grammar studied in lower-level courses, students will find this review a useful reminder. Again, experience has shown that these specific grammar points are among the problem areas which tend to reappear even at advanced levels. In short, they are issues which can never be reviewed too much, especially in the context of new material.

LITERATURA
Literary selections have been carefully chosen for their relevance to the topic as well as their inherent esthetic value. Surrounding these literary selections are commentary and analysis for general literary study: literary terminology and concepts, the genres of the selections, and the foundations of aesthetic production in the historical and social context. Students will find that the tools provided for understanding the specific selections included can become the their personal toolkit to illuminate ongoing literary study.

EN RESUMEN
A writing exercise designed to summarize chapter content.

TABLE OF CONTENTS

INTRODUCCIÓN HISTÓRICA

EL DOCUMENTAL

En este libro se emplea un documental, El espejo enterrado de Carlos Fuentes (producido por Sogetel, empresa española de producción en colaboración con la Smithsonian Institution). Aquí conviene definir el documental, un género de cine que se ha hecho cada vez más popular en los últimos años. Antes una forma reservada para un público restringido, el documental servía para documentar eventos, historia o las vidas de individuos, etc. Recientemente el documental ha roto las cadenas que dictaron una forma educacional pero a veces aburrida. Ahora se emplean técnicas dramáticas que a menudo lo convierten en una forma híbrida, parte historia y parte producto imaginario que incluye lo que ya existe y lo que no puede existir en filme. El espejo enterrado, con su subtítulo "500 años de cultura hispánica", por lo obvio no puede reflejar una tecnología que sólo se ha desarrollado en el siglo XX.

Ahora nos hemos acostumbrado a muchos variantes del documental, quizás en parte por su popularidad propagandística, o en programas de televisión pública (NOVA es un buen ejemplo, o la obra bien estimada de Ken Burns, especialista en la forma). Algunos dependen de las opiniones de estudiosos que forman un panel de expertos que interpretan lo visual; otros son docudramas, o películas históricas que, basándose en la historia de un artista (Vermeer), un político (John F. Kennedy) o un escándalo (Watergate), entre otros casos, presentan una interpretación de la realidad.

Con El espejo enterrado contamos con la interpretación de Carlos Fuentes, autor y comentarista mexicano mundialmente conocido. Sin embargo, esperamos que los estudiantes sigan el consejo del mismo Fuentes: "un hombre y su cultura perecen en el aislamiento, y un hombre y su cultura sólo nacen o renacen en compañía de los demás, en compañía de los hombres y mujeres de otra cultura, de otro credo, de otra raza … desafiando nuestros prejuicios." En las discusiones provocadas por este libro desafiamos a ustedes, los que oyen y ven y leen estos contenidos, que lo examinen intelectualmente para llegar a su propio entendimiento de los temas presentados.

Temas de discusión

1. En su opinión, ¿es verdad la afirmación "La cámara no miente"?
2. ¿Cómo se puede saber el vidente que el objeto de una película es informar o influenciar?
3. ¿Conoce usted ejemplos de documentales con diferentes objetivos?

Vocabulario útil

el cine	movie theater, film	el filme	film (= la película)
desafiar	to challenge	el guión	filmscript
el documental	documentary	el/la guionista	screenwriter
el/la estudioso/a	scholar	verosímil	likely, believable
filmar	to film		
el/la vidente	viewer		

EL ESPEJO ENTERRADO

PREPARACIÓN DEL TEMA

Nuestro propósito en este libro es presentar al estudiante un bosquejo de **España: La Primera Hispanidad**, su geografía, su historia y su cultura. Para entender lo que es hoy España—y en particular, la literatura escrita en castellano—hay que tener alguna idea del pasado, y cómo responder a preguntas (entre muchas) como éstas:

- ¿Por qué predomina la Iglesia católica?
- ¿Por qué se nota tanta influencia árabe no sólo en el sur sino en muchos aspectos de la vida en todo el país, incluso el idioma mismo en que una cuarta parte de las palabras son de origen árabe?
- ¿Que ocurrió antes y después de 1492, y por qué fue ese año tan seminal para el desarrollo de las civilizaciones españolas e hispanoamericanas?
- Y en el siglo XX que acabamos de terminar, ¿cómo se explica la irrupción sangrienta de la Guerra Civil (1936-39), esos años tan catastróficos para todos los españoles?

Éstas son algunas de las cuestiones que pensamos afrontar, y esperamos así aclarar el fondo histórico del tesoro que representa la literatura y cultura españolas. Ese fondo—la interacción de historia y cultura—es precisamente lo que ofrece Carlos Fuentes en su serie **El espejo enterrado**. Y como introducción a España hemos seleccionado unos segmentos del video que breve pero eficazmente presentan una noción de los orígenes del país: primero los íberos que dieron su nombre a la península, luego los romanos que dominaron el país y dejaron una gran parte de lo que es hoy el idioma español, los judíos que tenían comunidades importantes en casi todas las ciudades y los árabes, que con más de siete siglos de presencia en la península, contribuyeron tanto a la cultura moderna.

GUIÓN - *El espejo enterrado*

Romanos y Cristianos

De la tierra surgieron las poderosas imágenes de las madres de España, las diosas terrenales de Iberia: la Dama de Baza y la Dama de Elche. Pero la cultura ibérica fue absorbida por los romanos que durante mil años dominaron el mundo antiguo.

Herederos de la cultura griega, los romanos trajeron a Iberia la civilización urbana del Mediterráneo. Pero a diferencia de los griegos, Roma no permaneció en las costas, sino que penetró al corazón de la península, construyendo una red interior de ciudades comunicadas por carreteras y acueductos. España se creó a sí mismo en el conflicto entre el sentido romano del estado y el derecho, y el sentido ibérico del individualismo y el honor. Estado e individuo: ¿cómo conciliarlos?

Uno de los grandes filósofos de la antigüedad nació en la Córdoba romana: Séneca el estoico. Y éste fue su mensaje: "No permitas que nada te conquiste, salvo tu propia alma." El alma es el único refugio del ser humano en tiempo de tormentas. Hasta el día de hoy, en Andalucía, "Séneca" significa "sabio," y ser sabio consiste en entender que la vida no es feliz. Pues en un mundo feliz, ¿para qué servirían los filósofos?
El tipo humano que heredó esta mezcla de estoicismo romano e individualismo ibérico fue retratado siglos después por el Greco en esta imagen de la hidalguía: el retrato del hombre verdadero, el hombre de honor.

España sufrió un profundo proceso de romanización y aun un pequeño poblado provinciano, como éste en la serranía de Ronda, tenía su propio teatro. Pero aunque la sabiduría de Roma—derecho, filosofía, lenguaje—habría de permanecer en España, el imperio mismo iba a perecer.

Los primeros cristianos aparecieron en España en el primer siglo de nuestra era y en seguida una ola de invasiones germánicas incluyendo a los vándalos acabó con el poder de Roma y culminó con el régimen de los visigodos. Cristianos de nombre, bárbaros de hecho y afortunadamente de poca duración en la historia.

Sus constantes pleitos por la sucesión entregaron cada vez más poder a los obispos y a la iglesia de tal suerte que ésta entró en una situación de tensión a veces y de fusión a veces con el Estado, creando además una de las leyes casi constantes de la política española e hispanoamericana, que es la presencia de la iglesia católica en los asuntos públicos. Pero el hecho es que el cristianismo logró ser el catalizador de la historia de España, asumiendo todas las tradiciones anteriores.

SEVILLA
El flamenco

AGENDA: TEMAS IMPORTANTES

1. ¿Qué aspectos de la cultura de España se reflejan en el flamenco?

2. ¿Qué relación tiene el baile con el cante?

3. ¿Conoce usted otras formas de música regional, de España o de otros países hispanohablantes?

ORIENTACIÓN CRONOLÓGICA

711-718	invasión musulmana de la península ibérica
c.1415	los gitanos, pueblo nómada, entran en la península ibérica
1492	la expulsión de los musulmanes de Granada; se promulgan las primeras leyes anti-gitanos en España
1502	la conversión forzada al cristianismo de los musulmanes restantes en España
1943	se institucionaliza en el Reglamento de la Guardia Civil la vigilancia de los gitanos
1950-1992	el Camarón de la Isla (José Monje Cruz), cantaor
1978	los gitanos reciben por primera vez la protección legal de la constitución española
1975	concierto de Paco de Lucía (Francisco Sánchez Gómez) en el Teatro Real de Madrid, momento clave en la popularización del nuevo flamenco

INTRODUCCIÓN

En este capítulo Carlos Fuentes presenta el arte flamenco: el baile y el cante. Las dos formas del flamenco se complementan para expresar el mismo sentimiento, generalmente un lamento sobre la vida, el amor, la muerte. Como lo expresa Fuentes con una imagen moderna, "el baile es el satélite del cante."

Tiene orígenes en el sur de España, en la vida gitana. La región es Andalucía, un nombre que viene del árabe Al andalus y que emplearon los moros para denominar la parte de la península ibérica que controlaron por casi ocho siglos, hasta 1492. El baile es gitano; la guitarra es española; el dialecto del cante es andaluz. Pero sea cual sea su origen, el flamenco ya es conocido como música y baile de toda España.

PREPARACIÓN DEL TEMA

A. Orientación geográfica. Fuentes va a mencionar los siguientes rasgos geográficos y regiones específicas. ¿Dónde podrían encontrarse estos rasgos en la península ibérica? Luego, ubique en un mapa las regiones mencionadas.

rasgos geográficos	**regiones específicas**
los riscos (cliffs) abruptos	Andalucía
las altas montañas	Aragón
las áridas mesetas	Castilla
los ondulantes valles de trigo (wheat),	Extremadura
olivar y chopos (poplars)	Galicia
	Valencia

B. ¿A qué se refiere? Antes de ver el video, intente adivinar a qué se refiere cada uno de los siguientes conceptos. Luego, lea rápidamente el guión para confirmar sus respuestas.

1. Federico García Lorca
2. el tablao flamenco
3. amor, muerte, venganza, nostalgia
4. cante jondo
5. las "paralíticas de la luna"

a. espectáculo de cante y baile
b. las bailaoras gitanas
c. "deep song", género flamenco
d. poeta y dramaturgo andaluz
e. temas comunes del flamenco

GUIÓN - *El espejo enterrado*

El segundo lugar común de España es el "tablao" flamenco, el espacio casi sagrado, donde la tentadora gitana, Carmen, la diosa en movimiento, puede representar. Viene de muy lejos. La podemos ver en el piso de Pompeya, y las muchachas bailadoras de Cádiz fueron la sensación de la Roma imperial. Marcial describe sus sabias ondulaciones. Y Juvenal dice que "incendiadas por el aplauso, las muchachas se derrumbaban al suelo agradeciendo, con muslos temblorosos." Para Lord Byron éstas son "las doncellas oscuras del cielo." Pero otro viajero inglés del siglo XIX, un poco más moralista, insistió en que "si los bailes eran indecentes, los danzantes eran siempre castos." Como siempre en materia andaluza hay que darle la palabra final a Federico García Lorca, quien describió a los gitanos como "mitad bronce, mitad sueño" Y a sus mujeres, las bailaoras gitanas, como "paralíticas de la luna".

Es una distinción importante porque en el sistema de la música gitana-andaluza, el baile es el satélite del cante. El cante es el sol y el baile es la luna. "Cante jondo, río de voces," lo llamó también Federico García Lorca. Una música antigua, atavística, híbrida, un imán musical que atrae hacia sí todo lo que encuentra en su camino, desde el mohecín árabe hasta la última rumba cubana. Pero siempre para hablar de lo más íntimo, de lo más profundo, el amor y la muerte, la nostalgia, la venganza, la madre, Dios, la esperanza y la

Guía de lectura

tentadora *temptress*

mitad *half*

bronce *bronze*

atávística (=atávica) *relating to a remote ancestor*

imán *magnet*

muezín *muezzin (one who calls Muslims to prayer)*

venganza *revenge*

ni siquiera *not even*

en lucha con *in a struggle with*

hunde *sinks, buries*

taconeo *footwork (in dance)*

desesperanza. A veces, a veces ni siquiera es una voz o un canto, es un grito, un grito en lucha consigo mismo. Un grito sea dicho no por debajo de la palabra, sino por encima de ella, tratando de decir lo que la palabra no puede expresar.

*   *   *   *   *

La diosa del tablao es más que una hija del cielo. Es una criatura de la tierra. Una diosa de los bajos fondos, que hunde su taconeo en la tierra española, los riscos abruptos, las altas montañas, las áridas mesetas, y luego los ondulantes valles de trigo, olivar y chopos, de Galicia hasta Andalucía, de Extremadura a Valencia; norte, hasta Aragón, y al cabo a la quietud del centro: Castilla.

DESPUÉS DE VER

A. ¿Entendió? Conteste las siguientes preguntas según el guión del video.

1. ¿Cómo describió a los gitanos Federico García Lorca? ¿A qué características se refería probablemente?

2. ¿Por qué Carlos Fuentes caracteriza el flamenco como una música híbrida?

3. ¿Qué emociones comunica el flamenco, según Fuentes?

B. Temas para discutir. Trabaje con un grupo de compañeros de clase para discutir los siguientes temas.

1. Describan su impresión personal del flamenco, usando tantos adjetivos o símiles como pueda.

2. En su opinión, ¿qué función social cumplen los bailes? ¿Por qué son importantes?

3. ¿Existe un baile nacional en su país? ¿Qué otras manifestaciones folklóricas o tradicionales se mantienen?

C. Comparaciones. Escriba un párrafo en que usted compara y contrasta el flamenco con otros bailes que conozca: el tango, el merengue, la salsa, los bailes populares entre sus amigos, el ballet, bailes folklóricos de su país o región, etc.

El músico flamenco Teye

NOTAS DE LENGUA

El andaluz

El cante jondo se canta en *andaluz*, un variante del español (o castellano) que se habla en Andalucía. Se oyen inmediatamente las diferencias fonéticas entre el español de Madrid y el de Sevilla; véanse a continuación algunos ejemplos. (Hay más información histórica en Notas de lengua, capítulo 8).

Rasgo (*feature*) dialectal	Andaluz	Español peninsular estándar
la aspiración (pronunciación de [h], como el primer sonido de "happy") o pérdida de la /s/ final de sílaba	e^{h}tamo^h li^{h}to^h etamo lito	estamos listos
el seseo: la falta de distinción entre los sonidos de las letras *z/ce/ci* y la *s*	zapato [sapato] cinco [siNko] señor	zapato [Tapato] cinco [TiNko] señor
la sustitución de /l/ por /r/ final de sílaba	vuerta arma	vuelta alma
la elisión (pérdida) de ciertas consonantes finales de palabra	verdá furbo	verdad fútbol

Además, hay diferencias léxicas (de vocabulario), morfológicas (terminaciones verbales y pronombres) y sintácticas (orden de palabras y estructuras).

El lenguaje del cante flamenco incorpora también palabras del romaní, el idioma de los gitanos (o **rom**). Este grupo llegó a la península ibérica en el siglo XV. Sus orígenes están en la India, y el romaní (también conocido en España como **caló**) es un dialecto hindú. A continuación, vemos algunos ejemplos de semejanzas entre el hindú y el caló español:

castellano	hindú	caló
sal	lon	lon
dormir	so	sov
tierra	bhu	phuv
casa	ghar	kher (quer)
hombre	manus	manus

La siguiente letra (*lyrics*) muestra cómo se mezclan términos de diferentes lenguas en el cante flamenco. Las expresiones en negrita son del caló.

Letra del cante	Equivalente castellano
Chalo para mi **quer**, Me topé con el **meripé**; Me **penó**, ¿adónde **chalas**? Le **pené**, para mi **quer**.	Iba para mi casa, Me topé con la muerte; Me dijo, ¿adónde vas? Le dije, para mi casa.

GRAMÁTICA EN BREVE

Por y para

These two prepositions can be confusing since they are often translated by the same English words: usually "for" or "by." Note how they are used in the following contexts and the examples:

	POR	PARA
time	**time duration** Los moros dominaron España por siglos. *The Moors dominated Spain for centuries.* **indefinite time** por esas fechas *around that time*	**time limit or deadline** Hay que entregarlo para las dos. *It has to be sent by two o'clock.*
space	**"through" or "along", indefinite space** Andan por el desierto en busca de agua. *They go through (roam) the desert in search of water.* por allá *over there*	**destination** Salieron para el Norte. *They left for the North.* Sale para Madrid mañana. *He is leaving for Madrid tomorrow.*
agent or beneficiary	**agent or means** Fue construido por los árabes. *It was built by the Arabs.*	**recipient or beneficiary** Fue construido para el rey. *It was built for the king.*
exchange	**"per" in English** cincuenta pesetas por kilo *fifty pesetas per kilo* por hora *by the hour* **"for the sake of"** Murió por nuestra salvación *He died for our salvation.* Lo hizo por su país. *She did it for her country.*	**(not applicable)**
reasons	**pre-existing reason or motive** por razones de raza o de origen *for reasons of race or (national) origin*	**future goals** ...para hablar de lo más íntimo. *...in order to talk about the most intimate.* Estudia para bailaor. *He is studying to be a dancer.*
comparison	**(not applicable)**	Para una joven, ha viajado mucho. *For a young person, she has travelled a lot.*

Fixed expressions	ir por *to go for (someone or something)* estar por *to be in favor of, in the mood for* cambiar por *to exchange for (goods, money)* por ciento *per cent* por tren, avión *by train, plane* por ejemplo *for example*	estar para *to be about to, on the point of* servir para *to be useful for* no servir para nada *to be useless* para siempre *forever* para mí (ti, etc.) *for me (you, etc.), in my (your, etc.) opinion*

Tablao flamenco

LITERATURA

Contexto histórico

El flamenco se originó en Andalucía y es una música que combina las tradiciones de las varias gentes que se han establecido en diferentes tiempos en esa parte de España. Aunque no llegó a ser popular hasta más tarde, su origen se asocia principalmente con los gitanos que llegaron al país en los siglos XV y XVI, cuando muchos se establecieron en el sur. Los gitanos, que en gran parte habían sido nómadas y que fueron a vivir también en otras partes del mundo, eran procedentes de la India originalmente y por eso mucha de su cultura, incluyendo su música, tenía elementos de Asia. Pero los gitanos de Andalucía también incorporaron en su música otras influencias de gentes que ya habían estado allí por muchos siglos, entre ellas las influencias árabes

y judías, y también la de música religiosa cristiana.

En un poema titulado "Cantares", por el poeta andaluz Manuel Machado, veremos la importancia de esta música para los andaluces.

CLAVE LITERARIA : La connotación

La palabra **connotación** se refiere a los sentimientos, ideas o imágenes que un individuo o un grupo asocia con una palabra o concepto. Normalmente estas asociaciones están basadas en experiencias anteriores y por lo tanto pueden cambiar mucho de una persona a otra. Por ejemplo, para una persona que haya recibido rosas cuando murió alguien de la familia, la palabra rosa puede tener una connotación de tristeza, mientras que para una persona que haya recibido rosas el día de su cumpleaños la misma palabra rosa puede tener una connotación de alegría. Igualmente la palabra justicia tiene connotaciones muy diferentes para la gente de un país donde los jueces respetan las leyes que para la gente de un país donde el sistema judicial es corrupto.

Los autores que escriben buena literatura casi siempre están conscientes de las connotaciones que las palabras y los conceptos pueden tener para los lectores. Y nosotros también podemos apreciar más la literatura si estamos conscientes de las connotaciones.

A continuación explique cuáles de estas palabras usted cree que pueden tener connotaciones muy diferentes para la mayoría de la gente y cuáles tienen connotaciones más o menos similares:

guitarra	raza
madre	sombra
moreno	suerte
patria	viejo

Sobre el autor

Este poema fue escrito por Manuel Machado (1874-1947) un poeta de Sevilla, la ciudad más grande de Andalucía. Además de escribir poesía, Manuel Machado escribió obras de teatro en colaboración con su hermano Antonio Machado (1875-1939), quien era también poeta y que ha sido bastante más conocido que Manuel al nivel internacional. Ambos son poetas de muy alta calidad.

Sobre la obra

Al igual que en la música, una de las características de la poesía buena es que los sonidos con frecuencia reflejan el significado de las palabras. En el poema "Cantares" que vamos a leer se pueden ver algunos ejemplos muy claros de esto, especialmente en la segunda estrofa:

> A la sombra fresca de la vieja parra
> un mozo moreno rasguea la guitarra
> Cantares...
> Algo que acaricia y algo que desgarra

La estrofa está hablando sobre un joven que está rasgueando (strumming) la guitarra. Las palabras "algo que acaricia y algo que desgarra" se refieren a dos cosas al mismo tiempo. Por una parte significan que la música produce emociones que son opuestas y que a veces calman a los que la oyen mientras que otras veces les producen sentimientos que son algo violentos. Pero al mismo tiempo estas palabras también se refieren a la manera en que los músicos de flamenco usan los dedos cuando tocan la guitarra para producir dos sonidos diferentes. Uno de estos sonidos es suave y se hace cuando los dedos tocan las cuerdas de la guitarra con delicadeza, como si las estuvieran acariciando. El otro sonido es muy fuerte y casi violento, y se hace cuando los músicos usan varios dedos con mucha intensidad física al rasguear las cuerdas.

Si leemos la estrofa en voz alta con cuidado, podemos ver que estos dos sonidos están incluidos en las palabras de los tres versos largos. En la primera parte de cada uno de los versos tenemos palabras que contienen la letra "r" cuando se pronuncia de una manera suave: sombra, fresca, moreno, acaricia. En la segunda parte de cada verso tenemos palabras que contienen la misma letra cuando se pronuncia de una manera fuerte: parra, rasguea, guitarra, desgarra. Es decir, cuando leemos el poema, también producimos con nuestra voz esta combinación de "algo que acaricia y algo que desgarra" que es característica de la música flamenca.

Cantares *(Manuel Machado)*

Vino, sentimiento, guitarra y poesía
hacen los cantares de la patria mía
Cantares…
Quien dice cantares dice Andalucía

A la sombra fresca de la vieja parra
un mozo moreno rasguea la guitarra…
Cantares…
Algo que acaricia y algo que desgarra.

La prima que canta y el bordón que llora…
y el tiempo callado se va hora tras hora.
Cantares…
Son dejos fatales de la raza mora.

No importa la vida, que ya está perdida,
Y después de todo, ¿qué es eso, la vida?…
Cantares…
Cantando la pena, la pena se olvida.

Madre, pena, suerte, pena, madre, muerte,
ojos negros, negros, y negra la suerte…
Cantares…
En ellos el alma del alma se vierte.

Cantares. Cantares de la patria mía,
quien dice cantares dice Andalucía.
Cantares…
No tiene más notas la guitarra mía.

Guía de lectura

cantares *songs, ballads*

patria *land of birth, country* (aquí, Andalucía)

fresca *cool*

parra *grape vine*

mozo *young man*

rasguea *strums* (< rasguear)

acaricia *caresses* (< acariciar)

desgarra *tears* (< desgarrar)

prima *first string of a guitar*

bordón *bass string of a guitar*

dejos *traces, remnants*

mora *Moorish*

pena *sorrow*

suerte *luck*

alma *soul*

vierte *pours* (< verter)

notas *strings* (también *notes*)

Comentario y discusión

A. ¿Entendió? ¿Está de acuerdo con las siguientes afirmaciones? Si no, haga los cambios que sean necesarios para que digan la verdad:

1. Machado dice que hay cuatro elementos que son necesarios para crear un cantar y que estos elementos son el vino, el sentimiento, la guitarra, y la poesía.

2. Según Machado, los cantares son representantes de Andalucía. Decir "cantares" es lo mismo que decir "Andalucía", en su opinión.

3. En la segunda estrofa (versos 5 a 8) Machado crea una imagen de un joven moreno que está tocando música sentado a la sombra de una parra.

4. Según el poeta, el tiempo es muy importante para los que tocan música, y esas personas están siempre conscientes de que el tiempo está pasando.

5. Machado dice que en la gente que toca los cantares de Andalucía se pueden ver características y actitudes que provienen de la raza mora.

6. El poeta dice que los cantares no pueden ser una manera de olvidar la pena y el sufrimiento en la vida de la gente de Andalucía.

7. Machado dice que los cantares contienen la espiritualidad del alma de Andalucía.

Guitarrista

B. Comentarios sobre el poema. Con algunas personas de su clase discuta usted los siguientes temas.

1. En caló (la lengua que hablan los gitanos) se usan las palabras "la gracia de Dios" para referirse al vino. ¿Sabe usted de alguna ceremonia en la iglesia católica que utiliza el vino como una manera de aproximarse a Dios?

2. ¿Puede usted encontrar en alguna parte del poema una descripción física que contiene características que se asocian comúnmente con los gitanos?

3. Identifique los lugares en el poema en los que hay referencias específicas al modo en que se toca una guitarra. ¿Cree usted que para comprender este poema con claridad es útil pensar en términos de música?

4. Encuentre en el poema las maneras de pensar sobre la vida que el poeta asocia con la raza mora.

5. Hay un verso en la primera estrofa que se repite en la última estrofa. ¿Puede usted encontrarlo? ¿Cree usted que es un verso muy importante para el poema? ¿Qué efecto tiene que se encuentre al principio y también al fin?

6. Al fin del poema, Machado dice que su guitarra no tiene más notas y sugiere que por eso debe terminarlo. ¿Cuántas notas (strings) tiene usualmente una guitarra? ¿Cuántas estrofas tiene el poema?

EN RESUMEN

Escriba un ensayo breve sobre este tema:

¿Qué elementos contiene el flamenco que indican
su origen especial?

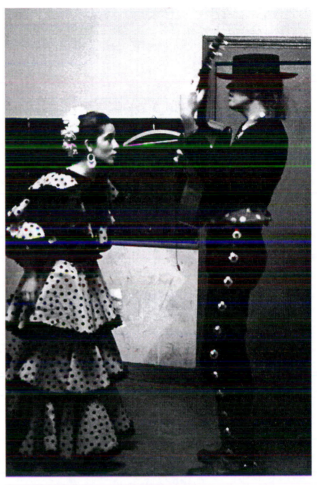

Guitarrista y "bailaora"

Músicos y "bailaoras"

LA SEMANA SANTA

la religión y el estado

AGENDA: TEMAS IMPORTANTES

1. ¿Qué elementos culturales e históricos componen esta celebración tan española?

2. ¿Cuáles son las fiestas populares de su país o región? ¿Qué revelan del papel de la religión en la vida pública?

ORIENTACIÓN CRONOLÓGICA

218 a.C–476 d.C	romanización de la península ibérica
507	los visigodos establecen su reino en Hispania con capital en Toledo
587	el rey visigodo Recaredo se convierte al catolicismo
711–1492	invasión musulmana y reconquista cristiana
s. XVI	se forman las primeras hermandades o cofradías de la Semana Santa sevillana
s. XVII	el arte barroco infunde la Semana Santa; las cofradías enriquecen el esplendor de las procesiones
1912	se fijan las rutas modernas de las procesiones en Sevilla

INTRODUCCIÓN

La Sevilla moderna refleja una herencia antigua de más de dos mil años. La península ibérica fue parte del imperio romano, heredero por su parte de la gran cultura griega. Los romanos llegaron a la península ibérica a finales del siglo III a.C., y en las afueras de la Sevilla de hoy en día está conservada una ciudad romana, Itálica, establecida en 206 a.C. como un centro de recuperación y descanso para sus tropas.

El cristianismo penetró en la provincia romana de Hispania en los siglos después de la muerte de Cristo, y con la disolución del imperio, la cultura romana y la lengua latina sobrevivieron las sucesivas invasiones de los vándalos y visigodos. El latín sufrió cambios importantes, transformándose en un abanico de idiomas nuevos (castellano, gallego-portugués, catalán, etc.), pero después de una época de cismas, el cristianismo fue un factor unificador: en todos los reinos que suplieron el antiguo imperio romano, el nuevo credo se implantó como la religión oficial, consolidando el poder religioso y civil y dejando importantes huellas culturales que perduran hasta nuestros días.

La Semana Santa que se celebra en Sevilla es sin duda el evento más espectacular en el mundo cristiano. Durante una semana la modernidad está reemplazada por una tradición antigua. Algunos, que de día pasan una vida profesional en la que emplean la tecnología más moderna, de noche salen descalzos a la calle para hacer penitencia. En este segmento Carlos Fuentes comenta lo que significa el espectáculo para muchos españoles.

EL ESPEJO ENTERRADO

PREPARACIÓN DEL TEMA

A. Claves: la Semana Santa sevillana. Elija uno de estos términos o personajes y busque más información en Internet. Luego, presente un resumen a la clase. Se recomienda la web de www.semana-santa.org.

la Semana Santa (fechas, definición)
la Virgen de la Macarena
los nazarenos
las cofradías
las saetas

Busque información básica sobre una cofradía en particular. ¿Cuándo se fundó? ¿Cuántos miembros tiene? ¿Qué ropa lleva en las procesiones? ¿Cuántos pasos (*floats*) hay?

B. ¿A qué se refiere? Lea rápidamente el guión e indique (**a**, **b** o **c**) a quién o a qué se refiere cada una de las siguientes citas.

1. una figura materna
2. creador del mundo
3. vive todo el año en Sevilla
4. hacen penitencia en las calles

a. la Virgen María
b. Dios Padre
c. los miembros de las cofradías

La religión y el estado

Un aspecto fundamental de la estructura política de los Estados Unidos es la separación de la religión y el gobierno. Esta separación se inscribe en la primera enmendación a la Constitución, en las Actas de Derechos (*Bill of Rights*) promulgadas en 1791 para evitar los conflictos cruentos (*bloody*) que dominaron las vidas de los primeros peregrinos que llegaron a este país: "Congress shall make no law respecting an establishment of religion...." Aunque este derecho tiene que ser reinterpretado en cada época, incluso hoy en día, muy pocos tratarían de imponer una religión oficial para todos. Los estadounidenses gozan de un derecho de observar cualquier religión (o ninguna) según las creencias individuales o familiares.

Con el triunfo de los Reyes Católicos y la expulsión de los moros y los judíos en 1492, el catolicismo ha sido la religión del estado español. Esto cambió durante la breve vida de la República (de 1931 a 1936), cuando los partidos anticlericales dominaron el gobierno. Los Nacionalistas (las fuerzas del dictador Francisco Franco), que habían recibido el apoyo de la Iglesia, revocaron esta separación, pero actualmente España, aun con una gran mayoría de católicos, tiene libertad para todos los creyentes—protestantes, musulmanes, judíos, budhistas, etc.—y también para los que no creen en ninguna religión.

La Semana Santa, como muchas fiestas populares en España, es un espectáculo básicamente religioso, una tradición observada—o por lo menos respetada—por casi todos.

1. ¿Cuáles son las principales religiones del mundo? ¿En qué partes del mundo se encuentran la mayoría de sus creyentes?

2. ¿Puede usted nombrar un país con una religión oficial?

3. ¿Qué implicaciones tiene para un país una religión oficial?

4. ¿Qué significa la palabra *secular*?

GUIÓN - *El espejo enterrado*

El cristianismo enriqueció intensamente las imágenes previas de España. Dios Padre, creador del mundo y Dios hijo, el redentor que sufrió y murió por nuestra salvación. El Padre, el hijo y nuevamente la figura materna, la madona que da vida y protección. Cristo, nacido de una virgen y por ello objeto de la fe. Debes creer, aunque no comprendas.

La figura materna alcanza su máximo significado en la liga entre la Virgen y su Hijo. Pasión y compasión que se hallan en el centro mismo del más exaltante e inquietante, el más sensual y el más místico de todos los espectáculos españoles: la Semana Santa en Sevilla.

Más de cincuenta imágenes de la Virgen son llevadas en procesión por la ciudad entre el jueves en la noche y el sábado en la mañana. En cada barrio los hombres, sin distinción de clases, marchan en hermandades honrando a su propia Virgen y haciendo penitencia por el amor de Cristo y su Madre.

*   *   [2'00]   *   *

Se queda el extranjero con la impresión de que en esta gran ceremonia, la apariencia brillante, la brillante superficie es el significado, revelando y ocultando al mismo tiempo el sentido religioso, profano, erótico y juguetón, lúdico de este magnífico espectáculo.

Subrayo los elementos juguetones. Ellos explican los gritos que siguen a la Virgen por donde pasa: "¡Guapa, guapa!," o la canción gitana que dice: "El niño Dios se ha perdido / la Virgen lo anda buscando / lo encuentra al lado del río / jugando con los gitanos."

En la Semana Santa de Sevilla aparece otro rasgo común a España y a la América española: la turbulencia sexual revestida de anhelos de santidad. La sensualidad reprimida por la fe, pero sublimada por la mística. La Virgen ofrece poder y protección. Su poder viene del amor. Se la conoce íntimamente. Vive todo el año en Sevilla. Es parte de la familia. Es la Virgen de la Macarena, la madre dolorosa, la patrona de los toreros, llorando la muerte de todos sus hijos.

GUÍA DE LECTURA

redentor *redeemer*
alcanza *achieves*
se hallan *are found*
hermandades *brotherhoods*
honrando *honoring*
superficie *surface*
lúdico *playful*
juguetón *playful*
grito *shout*
rasgo *characteristic*
revestido *covered*
anhelo *desire, longing*
santidad *holiness*

Sevilla, imagen de la Virgen María

DESPUÉS DE VER

A. ¿Entendió? Conteste las siguientes preguntas según el guión del video.

1. ¿Qué se celebra fundamentalmente en la Semana Santa?

2. Explique lo que significan las palabras del guión: "el sentido religioso, profano, erótico y juguetón, lúdico de este magnífico espectáculo."

Conceptos clave

¿En qué se diferencian los siguientes términos?

la fe
la mística
el sincretismo

B. Temas para discutir. Trabaje con un grupo de compañeros de clase para discutir los siguientes temas.

1. ¿Cómo interpretan ustedes las palabras de la canción gitana citada por Fuentes: "El niño Dios se ha perdido, la Virgen lo anda buscando, lo encuentra al lado del río, jugando con los gitanos."

2. Hagan una lista de las fiestas populares que se celebran en su país o región. Describan los elementos religiosos y seculares que se encuentran.

3. ¿Qué se opina en su cultura de la mezcla de elementos lúdicos en una celebración religiosa? ¿Es blasfemia, o es más bien algo normal de la naturaleza humana?

4. ¿Conocen ustedes otras fiestas latinas que se parecen a la Semana Santa sevillana? Descríbanselas a la clase, explicando las semejanzas y diferencias.

Virgen de la Paz, Sevilla

NOTAS DE LENGUA

El impacto de la religión en la lengua castellana

El cristianismo ha sido la religión dominante en la península ibérica durante siglos; no es de sorprender que ha dejado huellas en el habla popular. Estas influencias se ven en el vocabulario y en los modismos que hacen referencia a costumbres o ideas religiosas.

Gracias al cristianismo, tenemos muchas palabras de origen griego en el castellano moderno. Los primeros textos cristianos se escribían en griego, y muchos conceptos de esta nueva religión que no existían en latín se tomaron del griego:

ángel   (< *ángelos*, mensajero); iglesia (< *ekklesía*, asamblea); palabra (< *parábola*, comparación)

En el habla popular encontramos muchas referencias a fenómenos asociados con el catolicismo o la historia religiosa de la península ibérica:

hablar cristiano	hablar castellano (en oposición a otra lengua); hablar de manera comprensible Esta expresión tiene origen en la Iberia medieval: los cristianos, judíos y musulmanes hablaban lenguas asociadas con sus respectivas religiones, y el castellano, lengua romance, se identificaba con los cristianos.
quedarse para vestir santos	*to be an old maid* (lit., *to end up dressing [statues of] saints*) Las solteras o las monjas eran las que cuidaban la parroquia, limpiando y cambiando el vestuario de las estatuas religiosas según la estación litúrgica.
donde Cristo dio las tres voces	un lugar muy remoto La frase completa es "donde Cristo dio las tres voces y nadie las oyó". Se refiere a los tres gritos de Cristo en el jardín de Getsemaní durante su pasión.
estar católico	estar bien, sano, en buenas condiciones ("Me siento mal, no estoy muy católica")
no estar de Dios	estar en contra del destino ("No estaba de Dios que nos tocase la lotería; quizás otro día nos toque")
¡Por Dios santo!	*Good gosh! My word!*
¡Hostia!	*Yikes! Damn!* Se refiere al pan de la comunión; es una expresión mucho más fuerte que esta traducción al inglés.

El estudiante debe tener mucho cuidado al usar algunas de estas expresiones porque pueden ser ofensivas (blasfemas, sexistas, etc.). Como en muchas lenguas, los hablantes del español tienden a evitar la blasfemia empleando eufemismos o expresiones que suenan como palabras tabúes (cf. inglés *shoot*, *darn*, *gosh*):

¡Ostras! ("oysters" en vez de **¡Hostia!**)

¿A usted se le ocurren ejemplos del impacto de la religión en su lengua nativa?

GRAMÁTICA EN BREVE

Los usos del pronombre *se*

1. To make a verb reflexive (that is, the subject and object are identical)

non-reflexive	**Levantaron** la figura de la Virgen. *They raised (lifted) the figure of the Virgin.*
reflexive	**Se levantaron** temprano. *They arose (got up) early.*

2. To indicate reciprocity (with plural subjects and objects)

Los dos enamorados **se besaron**.	*The two lovers kissed (each other).*
Nos vimos desde lejos.	*We saw each other from afar.*

3. To avoid mention of the agent (doer of the action): **Se impersonal**

¿Qué **se celebra** en la Semana Santa?	*What is celebrated in Holy Week?*
Se la **conoce** íntimamente.	*She is known (one knows her) intimately.*
Se les **considera** parte de la música flamenca.	*They are considered (one considers them) part of Flamenco music.*

4. To represent the indirect object in double pronoun constructions

¿La carta? Ya **se** la dimos (a ellos).	*The letter? We gave it to them already.* (se = les / a ellos)
Se lo mencionaré.	*I will mention it to him.* (se = le / a él)

LITERATURA

SELECCIÓN 1 : *A Cristo crucificado* (anónimo)

Contexto histórico

La Semana Santa se empezó a celebrar en Sevilla durante el siglo XVI, pero la celebración en realidad tiene su origen en el año 1248 cuando el Rey Fernando III finalmente reconquistó para los cristianos la ciudad que los musulmanes habían controlado por más de 550 años. Durante el período de la reconquista (718-1492) de las tierras que los musulmanes habían invadido en el año 711, se formaron *hermandades* (también llamadas *cofradías*) que rescataban a los soldados heridos en las batallas y enterraban a los muertos. Fueron estas hermandades las que organizaron las procesiones durante el siglo XVI para que fueran símbolos del *viacrucis* (el camino de la cruz que Jesucristo tomó hasta el Calvario el viernes de la crucifixión, el Viernes Santo).

En un poema anónimo titulado "A Cristo crucificado" y en una "Saeta popular," también anónima, se pueden ver varios de los elementos centrales de la celebración de la Semana Santa en España: la crucifixión, el culto a la Virgen María, la devoción religiosa, la música, la muerte y la mezcla de elementos de varias culturas que son parte de España.

Sobre la obra

Se sabe que este famoso soneto ya existía en el año 1626, pero no se sabe con seguridad quién lo escribió. Muchos piensan que fue escrito por Miguel de Guevara, un cura mexicano, pero otros no creen que haya suficiente evidencia para confirmarlo. Hay varios autores que se han sugerido, pero nada es seguro.

> **CLAVE LITERARIA:**
> **Los símbolos**
>
> Un **símbolo** es un signo o un objeto que se usa para representar algo más. Muchos símbolos son reconocidos en todo el mundo, como por ejemplo los leones que en todas partes son un símbolo del valor. Hay símbolos que representan religiones, países, ciudades y partidos políticos. Es muy común ver símbolos que representan universidades, escuelas y equipos de deportes. A continuación haga una lista de algunos símbolos que usted conoce, e indique si son símbolos que se comprenden universalmente, a un nivel nacional, a un nivel local.

. . . .

A Cristo crucificado (anónimo)

No me mueve, mi Dios, para quererte
el cielo que me tienes prometido;
ni me mueve el infierno tan temido
para dejar por eso de ofenderte.

Tú me mueves, Señor; muéveme el verte
clavado en una cruz y escarnecido;
muéveme ver tu cuerpo tan herido,
muévenme tus afrentas y tu muerte.

Muéveme, en fin, tu amor, y en tal manera
que, aunque no hubiera cielo, yo te amara,
y, aunque no hubiera infierno, te temiera.

No me tienes que dar por qué te quiera;
pues, aunque cuanto espero no esperara,
lo mismo que te quiero te quisiera.

> **Guía de lectura**
>
> **cielo** *heaven*
> **infierno** *hell*
> **clavado** *nailed*
> **escarnecido** *mocked, ridiculed*
> **herido** *wounded*
> **afrentas** *insults*
> **por qué te quiera** *a reason for loving you*

. . . .

Comentario y discusión

A. Resumen de ideas. Un crítico literario llamado Leo Spitzer ha escrito que este poema presenta tres ideas principales. Escriba los números 1, 2 y 3 en el espacio en blanco para indicar el orden en que las tres ideas aparecen en el poema.

_____ Aunque no hubiera cielo ni infierno, yo te querría como te quiero ahora.

_____ Ni el cielo ni el infierno me mueven para quererte, Dios.

_____ Tú me mueves para quererte.

B. Ideas importantes. Decida cuál de estas opciones es la correcta en cada caso.

1. El poeta le dice a Jesucristo que...
a. ni la promesa del cielo ni el miedo del infierno lo mueven a quererlo
b. quiere a Dios porque quiere ir al cielo y no quiere ir al infierno

2. El poeta dice también que algo que lo mueve emocionalmente es...
a. los clavos de la cruz
b. los sufrimientos, los insultos y la muerte que Jesucristo recibió en la cruz

3. El poeta dice que en fin...
a. es el amor de Jesucristo que lo convence que debe quererlo
b. no cree que haya ni cielo ni infierno

4. El poeta dice cuando habla sobre el cielo que...
a. aunque no existiera, él querría a Jesucristo
b. allí es donde está el amor de Jesucristo

5. El poeta concluye que Jesucristo no tiene que darle razón para quererlo...
a. porque siempre lo va a querer igual que ahora aunque no reciba nada
b. porque no tiene interés en querer

C. Discusión. Con algunas personas de su clase discutan estas preguntas.

1. ¿Cuál creen ustedes que es la razón por la que el poeta escribió este poema? ¿Creen que lo escribió para expresar su amor por Jesucristo solamente, o que quería influenciar los pensamientos y emociones de otras personas también?

2. Cuenten cuántas veces ocurre el verbo "mover" en el poema. ¿Es éste un verbo que se usa para expresar emociones? ¿Cuáles son algunas emociones que se expresan en el poema?

3. ¿En cuál de las estrofas del poema están concentrados los elementos visuales? ¿Creen que la creación de una imagen de la crucifixión es uno de los propósitos principales del poeta?

4. ¿Cuáles son algunos símbolos que aparecen en este poema?

SELECCIÓN 1 : *Saeta a Nuestra Señora de los Dolores*

Las saetas son coplas cortas que los "cantaores flamencos" cantan en las calles o en los balcones durante las procesiones de la Semana Santa. Generalmente se dirigen a las imágenes de Jesucristo o de la Virgen María en el momento en que pasan en la procesión. Es interesante que a pesar de que las saetas se usan en una de las dos celebraciones más importantes del cristianismo, se les considera parte de la música flamenca que tiene su origen en la música árabe. Además, según muchos, las saetas han existido desde tiempos muy antiguos (algunos creen que desde el siglo XIII) y pueden tener también elementos de canciones religiosas judías de la Edad Media.

Pero fue a principios del siglo XX que las saetas se hicieron populares como parte de la celebración de la Semana Santa y gran parte de las que se oyen ahora fueron escritas en el siglo pasado. Los cantaores (que son tanto mujeres como hombres) tienen voces muy potentes que se pueden oir desde muy lejos. Las saetas contribuyen a que las personas que ven la procesión y las escuchan puedan sentir y vivir los momentos de la pasión y la muerte de Jesucristo. La palabra **saeta** significa "flecha" y se llaman así porque deben llegar al corazón de los que las oyen. La saeta a continuación es anónima y proviene de alrededor de 1926.

Saeta a Nuestra Señora de los Dolores

Ya viene la Dolorosa
con el corazón partido
de ver a su hijo amado
de ver a su hijo amado
en el sepulcro metido

Guía de lectura

la Dolorosa *Our Lady of Sorrows (the Virgin Mary)*

partido *broken*

sepulcro *tomb*

Comentario y discusión

Con dos o tres compañeros de su clase discutan estas preguntas.

1. ¿Cómo es el lenguaje? ¿Es elegante o es el lenguaje sencillo de la gente? ¿Es directo o contiene elementos que hay que interpretar? ¿Es necesario pensar mucho para comprender lo que se dice? ¿Es efectivo para crear emoción?

2. ¿Puede una copla tan corta incitar mucha emoción? ¿Hay casos en los que la brevedad tiene más impacto emocional que algo más largo?

3. ¿Cómo sería la música de esta saeta? ¿Cree que sería rápida o lenta? ¿Triste o alegre? ¿Creen que tendría un ritmo muy marcado?

EN RESUMEN

Escriba su opinión sobre las siguientes cuestiones:

1. La Semana Santa de España es totalmente un evento religioso sin significado fuera del catolicismo español.

2. La Semana Santa tiene aspectos que pueden ser apreciados por todos sean cuales sean sus creencias espirituales.

CONFLICTO Y COEXISTENCIA

árabes, cristianos y judíos

AGENDA: TEMAS IMPORTANTES

1. ¿Cómo llegaron a convivir las tres culturas ibéricas en la edad media?

2. ¿Qué huellas han dejado estas tres culturas en la España moderna?

ORIENTACIÓN CRONOLÓGICA

410 d.C.   Roma es saqueada por los godos

456   los visigodos establecen el reino de Toledo

632   muerte del profeta Mahoma, empieza la expansión del Islam

661   se establece el califato Omeya en Damasco

711   los musulmanes invaden la Hispania visigoda

718   la Reconquista empieza en el norte de la península (Asturias)

756   se establece un califato independiente en Al-Andalus

1035   el emirato de Córdoba se disuelve en reinos de taifa

1085   los castellanos reconquistan Toledo

1252-84   el reino de Alfonso X el Sabio

1479   se establece la unión de Castilla-León y Cataluña-Aragón, con el matrimonio de Isabel y Fernando

1492   la reconquista de Granada, y la expulsión de los no cristianos; el primer viaje de Colón al hemisferio oeste

INTRODUCCIÓN

Como veremos en el video de este capítulo, a partir del siglo VIII casi toda la península ibérica estaba ocupada por los árabes. Su presencia en la península duró siete siglos, pero no es lógico llamar "ocupación" un período tan largo. En verdad eran siglos en los que se alternaba entre guerras sangrientas y períodos de coexistencia y paz, en los cuales ocurrió una interpenetración de culturas: cristiana, árabe y judía.

En el norte cristiano, Alfonso X de Castilla (llamado "el Sabio") reunió en Toledo a los mejores estudiosos sin excluir a nadie por razones de raza o de origen. Estableció una escuela de traductores de los antiguos textos en Latín. Insistió en el uso del castellano como el idioma oficial. En este capítulo incluimos un trozo literario de Alfonso que demuestra sus propias cualidades poéticas.

El poder musulmán fue establecido en el Sur, en lo que dieron el nombre Al Andalús. Durante los primeros siglos su centro fue Córdoba, que bajo la dinastía Omeya fue hasta principios del siglo XI una de las ciudades más grandes de toda Europa y un magnífico centro de estudios artísticos e intelectuales. Hoy, en varios de sus pequeños y hermosos patios alrededor de su famosa mezquita, están conservadas estatuas del árabe Averroes, del romano Séneca y del judío Maimónides.

Después, el reino árabe se trasladó a Granada, su último reducto: la Alhambra. En 1492 los Reyes Católicos expulsaron a los árabes y a los judíos. Aunque hoy un país predominantemente católico, ambas culturas dejaron una huella imborrable: los árabes en el idioma, la arquitectura, la agricultura, el empleo del agua no sólo para el riego sino también para dar placer; y los judíos en la medicina, cirugía, la astronomía y el comercio.

EL ESPEJO ENTERRADO

PREPARACIÓN DEL TEMA

A. Orientación geográfica. Ubique en un mapa los siguientes lugares.

la Europa occidental
África del norte
Poitiers, Francia
el Estrecho de Gibraltar
Granada, España
Andalucía

B. Claves de historia. Elija uno de estos términos o personajes y busque más información en Internet. Luego, presente un resumen a la clase.

Alfonso X el Sabio
Averroes
Séneca
Maimónides
Toledo, capital cristiana de la Castilla medieval
el califato de Córdoba, centro de cultura
Granada, último reino musulmán
los reinos de taifas
las Cruzadas

C. ¿A qué se refiere? Lea rápidamente el guión e indique a quién o a qué se refiere cada una de las siguientes citas, emparejando los términos de las dos columnas.

1. la capital del último reino árabe en España　　　　a. La Alhambra

2. la más grande mezquita de la Europa occidental　　b. El Cid

3. donde desembarcó el primer ejército árabe en España　c. Córdoba

4. "Construid un jardín cuya belleza no pueda compararse a
nada en este mundo"　　　　d. Granada

　　　　e. Gibraltar

5. soldado, guerrero, vengador, de la honra familiar, el primer gran caudillo español

GUIÓN - *El espejo enterrado*

Después de las invasiones germánicas, el núcleo romano desapareció y el Mediterráneo sucumbió a la expansión del Islam. En 711, un ejército berberí zarpó de Marruecos y desembarcó en Gibraltar (Gebel Tarik, el nombre del general invasor). Los reinos godos, divididos, ofrecieron escasa resistencia. Los ejércitos islámicos extendieron su poderío hasta el norte de España. Fueron detenidos por Carlos Martel en Poitiers in 732 y el resto de Europa no fue parte del Islam. Pero dentro de la propia España, de acuerdo con la tradición, primero fueron detenidos por el jefe godo Pelayo, en 722, en la batalla de Covadonga. Aquí, entre las nieblas de los valles y montañas de Asturias, el núcleo cristiano sobrevivió, avanzando lentamente hacia el sur a lo largo de los siglos.

Durante más de 700 años, entre 711 y 1492, cristianos y musulmanes se contemplaron unos a otros desde fronteras crepusculares, combatiéndose pero también mezclándose; canjeando cultura, sangre y pasión, pero también sabiduría y lenguaje. Una cuarta parte de las palabras en castellano son de origen árabe. Cerrado el paso al resto de Europa, los musulmanes se instalaron en España y allí crearon la cultura más humana y brillante de la Edad Media. A una Europa ensombrecida por la barbarie, los árabes trajeron música y arquitectura, ciencia, medicina, matemáticas, astronomía y los textos perdidos de la filosofía griega. En Córdoba, capital de la España musulmana en su apogeo, se construyó la más grande mezquita de la Europa occidental. Visión sin centro el infinito, en la mezquita de Córdoba podemos imaginar a Dios y al hombre buscándose en un bosque de columnas, laberinto de piedra a punto de transformarse en miles de espejos.

Granada fue la capital del último reino árabe en España. Pero aproximándose a ella, hay que imaginar que una vez no hubo nada aquí salvo el valle, el río y la sierra. Y entonces se escuchó una voz, ordenando: *Construid aquí un jardín cuya belleza no pueda compararse a nada en este mundo. Construid, a la luz de las antorchas, un palacio y llamadlo Alhambra, que significa "la ciudadela roja".* Así le habló la voz de Dios a su pueblo. El pueblo del desierto llegó hasta aquí y descansó. Y quizás se necesita haber sentido la sed del desierto para haber inventado un oasis tan extraordinario, de sombra y de agua como éste: el palacio y los jardines de la Alhambra.

Pero no sólo el agua fluye por el palacio de la Alhambra. Como el Corán prohíbe la representación del cuerpo humano, éste se convirtió en un edificio escrito, su cuerpo lleno de signos, contando sus cuentos y cantando sus poemas desde sus muros inscritos—una especie de grafito celestial en el que la voz de Dios se vuelve líquida y los placeres del arte, el intelecto, el amor pueden ser gozados. Con razón un famoso dicho dice: *No hay pena más grande que ser ciego en Granada.* Pero en tanto que esta civilización, sensualmente magnífica e intelectualmente excitante, florecía en el sur de España, en el norte cristiano las duras realidades de la guerra y de la fe militante excluían semejantes placeres. España fue el *único* gran país europeo que no

Guía de lectura

berberí *Berber (North African)*

zarpar *to set sail*

niebla *fog*

a lo largo de los siglos *over the course of centuries*

crepuscular *twilight (adj.)*

canjeando *exchanging*

ensombrecida *overshadowed*

barbarie *barbarism*

mezquita *mosque*

ciudadela *citadel*

quizás se necesita haber sentido *perhaps it was necessary to have felt*

fluye *flows*

gozados *enjoyed*

dicho *saying*

ciego *blind*

en tanto que...florecía *while... flourished*

Tal fue el sentido *Such was the feeling*

vengador *avenger*

por lo tanto *therefore*
botín *booty, spoils*
empeñada *determined*
yace *lies, rests*
ajedrez *chess*
clerecía *clergy*

fue a las Cruzadas. Tuvo que dedicar toda su atención a su propia cruzada interna, a su combate contra los moros en la península. España había sido perdida: ahora España tenía que ser recuperada. Tal fue el sentido de la gran empresa que concentró la atención de la España cristiana durante 700 años: "La reconquista."

*　　*　　[1'45]　　*　　*

"Ganamos el pan luchando contra los moros." Así habló El Cid, Rodrigo Díaz, nacido en Vivar cerca de Burgos en 1043 y muerto en 1099 en la Valencia por él reconquistada. Soldado, guerrillero, vengador de la honra familiar, El Cid es quizás el primer gran caudillo español y por lo tanto hispanoamericano. Su nombre es árabe: El Cid, mi señor. Y establece la larga tradición del jefe militar como árbitro del poder y cabeza de un ejército fuerte y rico, recompensado por su jefe generoso con tierra y botín.

*　　*　　[3'00]　　*　　*

Durante toda la era medieval, la España cristiana estuvo comprometida en una lucha religiosa, política, moral y cultural única en el occidente europeo: en guerra contra el enemigo moro, empeñada en convertir tanto al musulmán como al judío, y sin embargo abrazándoles a ambos, mezclando las tres culturas en lengua, sangre, arte, costumbres. . . y sueños.

Esta es la tumba de San Fernando, es decir el rey Fernando III de Castilla. Enterrado aquí en la catedral de esta Sevilla que él liberó del poder de los moros en el año 1248. Aquí yace el guerrero cristiano capaz de proteger a los judíos de España contra una orden del Papa exigiéndoles que se pusieran una insignia, una estigmata, denunciándolos como judíos en sus ropajes. La tumba de San Fernando tiene inscripciones en las cuatro lenguas de la continuidad cultural de España: árabe, hebreo, latín y español. Alfonso X de Castilla convirtió esta biblioteca de la Universidad de Salamanca en la primera biblioteca pública, con un bibliotecario pagado, de España. De manera que este lugar es un digno tributo al monarca que en su propia vida fue llamado "El Sabio."

Alfonso el Sabio atrajo a su corte a los intelectuales judíos, los traductores árabes, los trovadores provenzales, a fin de fijar la cultura de su tiempo. Los traductores tradujeron la Biblia, el Corán, la Cábala, el Talmud, los cuentos indostánicos y también la primera versión occidental de un juego árabe, el ajedrez. Establecieron las leyes y la historia de España y lo hicieron no en latín, la lengua de la clerecía, sino en español, la lengua del pueblo. Al morir Alfonso en 1284, la conciencia de España como una sociedad policultural había llegado a su apogeo. Alfonso fue enterrado en una capa de diseño musulmán con la palabra árabe *balaka*—bendición—bordada en ella.

Los judíos, instalados en España desde los tiempos romanos, eran no sólo intelectuales sino artesanos, agricultores, mercaderes, financieros de la Corona, administradores, embajadores y médicos. Pero a medida que la Reconquista ganaba terreno, la intolerancia le seguía el paso. En tiempos de crisis económica, era fácil encontrar un chivo expiatorio en los judíos y atacarles con violencia irracional. Miles de judíos se convirtieron al cristianismo—sólo para ser sospechados de herejía.

DESPUÉS DE VER

A. ¿Entendió? Conteste las siguientes preguntas según el guión del video.

1. ¿Qué papel desempeñó la religión durante la Reconquista?

2. ¿Cuál es la ironía en el nombre del gran soldado, El Cid?

3. ¿Qué eran las Cruzadas en las que España no participó?

4. ¿Por qué proclamó el Papa la orden exigiéndoles a los judíos que se pusieran una insignia en sus ropajes?

B. Temas para discutir. Trabaje con un grupo de compañeros de clase para discutir los siguientes temas.

1. Los primeros peregrinos llegaron a la costa Atlántica del continente norteamericano en el siglo XVI, y al fin del XIX EE.UU. ya era un país que se extendía hasta el Pacífico. ¿Qué diferencias y semejanzas hay entre lo que ocurrió en Norteamérica y en España con respecto a los siguientes criterios?

a. la religión

b. la cultura

c. el conflicto racial y étnico

d. la coexistencia

2. En el siglo XXI, después de quinientos años de dominación cristiana, España ha vuelto a tener una población musulmana. ¿Cuál es el origen de esta nueva convivencia entre musulmanes y cristianos? ¿En qué se diferencia de la situación de la España medieval?

CONCEPTOS CLAVE

Explique los siguientes términos: (a) ¿Qué significan? (b) ¿Qué connotación positiva o negativa tienen? (c) ¿Son términos religiosos? ¿étnicos? raciales?

1. árabe
2. moro
3. musulmán
4. mozárabe
5. mudéjar
6. judío
7. converso
8. marrano
9. cristiano

Monumento del Cid en Burgos

NOTAS DE LENGUA

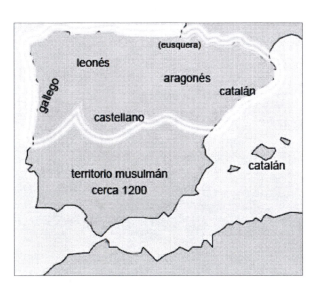

Los orígenes del castellano y las otras lenguas de la península ibérica

El español, también llamado castellano, tiene sus orígenes en el latín hablado en la península ibérica a finales del imperio romano (siglo V d.C.). Ya en el siglo VIII, a la hora de la invasión musulmana, existían muchas variedades regionales (o "dialectos") del latín hablado.

Cuando los cristianos empiezan la reconquista en 718, hay cinco núcleos lingüísticos principales en el norte de la península: de oeste a este son el gallego-portugués, el leonés, el castellano, el aragonés y el catalán. (El vasco o eusquera/euskara, lengua no romance, se habla en el centro-norte de la península.)

A medida que va avanzando la reconquista, los grupos cristianos bajan de norte a sur, y los hablantes de los respectivos "dialectos" del romance ocupan los territorios inmediatamente al sur de sus tierras originales. Durante la edad media, el gallego y el catalán ven un florecimiento de sus lenguas, especialmente en la poesía. En el siglo XIII, el rey castellano Alfonso X el Sabio estandariza el castellano como la lengua de la prosa y de la administración. A partir de esa época, el éxito político y militar de los castellanos resulta en la dominación lingüística de la península, a expensas de los demás grupos lingüísticos, ya en el siglo XV.

Por supuesto, el territorio que es hoy en día Portugal se independizó política y lingüísticamente en 1185, y el gallego-portugués que allí se hablaba poco a poco se diferenció hasta darnos dos lenguas distintas, el gallego en el norte, y el portugués en el sur.

Existió un último dialecto, el mozárabe, el variante del latín hablado en territorios de los musulmanes. Cuando los cristianos conquistaban nuevos territorios, los hablantes del mozárabe generalmente adoptaban el romance de los conquistadores del norte, con el resultado de que el mozárabe dejó de existir, pero no antes de dejar huellas en las hablas de los repobladores cristianos.

GRAMÁTICA EN BREVE

Ser y *estar*

The verbs **ser** and **estar** are often translated into English as **to be**, but they are not interchangeable. It is important to distinguish their uses; the following is a brief summary of how they differ.

	ser	estar
With **nouns**	to indicate identity (name, profession, etc.) Carlos Fuentes **es** un famoso **novelista** mexicano.	(not applicable)
To tell time	**Era la una** de la tarde. **Son las cinco** en punto.	(not applicable)
With the preposition **de**	to indicate (a) origin, (b) possession, (c) material of which something is made: (a) Los ejércitos islámicos **eran de**l Norte de África. (b) Los libros **son de**l profesor. (c) La estatua **es de** mármol.	to indicate a non-permanent state: **Estamos de** viaje en Sevilla. Fuentes **está de** vuelta en México. Él **está de** director esta semana.
With the preposition **en**	to indicate location of events (= "to take place"): La celebración **es en** el centro histórico.	to indicate the location of entities/people: Sevilla **está en** Andalucía. **Estamos en** el centro histórico de la ciudad. El poder cristiano **estaba en** Castilla y León.
With **adjectives**	to indicate a normal state or attribute (from the speaker's perspective) No hay pena más grande que **ser ciego** en Granada. La iglesia católica **ha sido** muy **importante** en la historia de España.	to indicate a change from the normal state, or when no state is considered normal **Están descalzos** para hacer penitencia. ¡Qué **guapa estás**!
With a **present participle**	(not applicable)	to indicate the progressive tenses: **Está tocando** la guitarra. Durante siglos Córdoba **estuvo convirtiéndose** en un gran centro musulmán.
With a **past participle**	to indicate the passive voice (action): España **fue invadida** por los moros. Los invasores **fueron detenidos** por Carlos Martel. Los placeres pueden **ser gozados** por todos.	to indicate the result of a complete action (description) Los textos **están traducidos** al castellano. Aquí **está enterrado** el rey Fernando.

LITERATURA

SELECCIÓN 1 : *"Loor de España"* (Alfonso X el Sabio)

Sobre el autor

Alfonso X de Castilla (1221-1284), llamado Alfonso el Sabio, fue rey de España desde 1252 hasta su muerte. Es famoso principalmente porque durante su reino España llegó a la cumbre de ser una sociedad verdaderamente policultural y porque él logró que los intelectuales de las tres razas, culturas y religiones más importantes—cristianos, judíos y árabes—trabajaran con él para producir una extensa obra literaria. Alfonso les dio protección real a los académicos de los tres grupos en su corte en Toledo que ya era famosa por ser un gran centro cultural. Los textos producidos en Toledo fueron utilizados por las universidades importantes de toda Europa y Alfonso llegó a ser la figura de mayor importancia en la ciencia y también en las letras y artes de España durante el siglo XIII. Fue un hombre con un gran amor por el conocimiento. Sus obras son de todos tipos: históricas, científicas, de carácter legal, literarias, y poéticas.

Antes de que Alfonso el Sabio fuera rey, la prosa de España había sido escrita casi toda por europeos que habían ido a Toledo. Ellos trabajaban con personas que hablaban hebreo y árabe que les ayudaban a traducir esas lenguas al español, pero la intención era producirlas luego en un latín elegante. Alfonso el Sabio es diferente porque él utiliza a los traductores hebreos y árabes con la idea de producir prosa en el español que la gente habla en las calles de España. Es decir, la obra producida por Alfonso el Sabio es la primera prosa que se escribe principalmente en español.

Guía de lectura

loor *praise* (palabra antigua)

paraíso *paradise*

se riega *waters itself* (< **regar** *to water, irrigate*)

caudales *abundant* (uso antiguo)

valles *valleys*

llanos *plains, level lands*

anchos *wide*

bondad *goodness, kindness*

humor *good characteristics (including high volume of water)*

CLAVE LITERARIA
La historia como obra literaria: Objetividad y subjetividad

Aunque en nuestro tiempo la historia se considera una ciencia social, en otras épocas se le ha considerado como una de las artes. En el siglo XIX los historiadores empezaron a poner más énfasis en el uso de las ciencias como la arqueología y la antropología para confirmar su información. La mayor precisión que estas ciencias requieren hizo a muchos historiadores conscientes de que había ventajas en limitarse a contar la historia como había ocurrido, sin presentar sus opiniones. Se estableció la idea de que los historiadores deben narrar la historia objetivamente, es decir exactamente como ocurrió sin influencia de las opiniones o sentimientos de la persona que la narra. Lo opuesto es subjetivamente, es decir, afectada por lo que opina o siente la narradora o narrador.

Esto no significa que en los tiempos antiguos todos los historiadores narraban lo que había pasado de una manera subjetiva. Siempre había casos de algunos que preferían simplemente contar las cosas como habían ocurrido, con objetividad.

Según muchos, lo más probable es que siempre haya historiadores que seguirán contando la historia como arte. El extremo de esto se ve en la popularidad de un género literario moderno, la novela histórica, que combina elementos históricos con elementos ficcionales. Probablemente el mejor ejemplo de la novela histórica al nivel mundial es *Guerra y paz* (*War and Peace*) del ruso Leo Tolstoy (1828-1910).

¿A usted se le ocurre alguna situación en las noticias o en la historia de nuestro tiempo en la que la información se ha presentado sin objetividad?

Sobre la obra

Las primeras selecciones literarias de este capítulo son parte de la obra histórica de Alfonso el Sabio y vienen de la Primera crónica general, que es la base para muchas otras obras de historia. Cuando hay una guerra tan larga en la que los enemigos están peleando por la tierra, es natural que las personas que escriben la historia hablen mucho sobre la belleza y las características positivas del país.

Es importante recordar que los libros de Alfonso el Sabio fueron escritos no sólo por él sino también por personas de las tres razas y culturas que contribuían a la obra total. El capítulo 558 es considerado uno de los más líricos del libro. Presentamos estos trozos primero en la forma original y luego hemos incluido una versión en español moderno. El vocabulario se refiere a la versión moderna.

El ambiente en que se encuentra un autor puede afectar profundamente su obra. Los ríos de un país en particular pueden aparecer a veces como un *motif*, una fuerza dominante que determina la estructura, los personajes, la trama, de una novela o un poema. Los ríos pueden servir casi como un camino con un principio y un fin, frecuentemente con una belleza que expresa emocionalmente el escritor.

Los ríos mencionados—mejor dicho, elogiados—en la primera selección son un buen ejemplo de la geografía convertida en tema, abrazada con cariño por el autor.

1. ¿Puede localizar los ríos mencionados por Alfonso el Sabio en un mapa de España?

2. ¿Qué ríos dominan la geografía de su país? ¿Puede usted nombrar alguna obra literaria en que domina uno de estos ríos?

3. ¿ Por qué coinciden los ríos con las fronteras de los países? ¿Puede usted dar ejemplos específicos?

frutos *fruits, products*
arroyos *creeks*
fuentes *springs (of water)*
faltan *lack*
pozos *wells, river pools*
que la semeje *that is like it*
fortalezas *fortresses*
adelantada *ahead (larger than others)*
preciada *prized, valued*
lealtad *loyalty*
ingenio *wit, talented person*

La primera crónica de España - Del capítulo 558, *"Loor de España"* (Alfonso X el Sabio)

Versión original	**Versión moderna**
Pues esta España que decimos tal es como el paraíso de Dios, ca riega se con cinco rios cabdales que son Ebro, Duero, Tajo, Guadalquivil, Guadiana; e cada uno dellos tiene entre si et ell otro grandes montañas et tierras; et los valles et los llanos son grandes et anchos, et por la bondat de la tierra et ell humor de los rios lievan muchos frutos et son abondados. España la mayor parte della se riega de arroyos et de fuentes, et nuncual minguan pozos cada logar…	*Pues esta España que decimos, tal es como el paraíso de Dios, pues se riega con cinco ríos caudales que son Ebro, Duero, Tajo, Guadalquivir, Guadiana; y cada uno de ellos tiene entre sí y el otro grandes montañas y tierras; y los valles y los llanos son grandes y anchos, y por la bondad de la tierra y el humor de los ríos llevan muchos frutos y son abundantes. España, la mayor parte de ella, se riega de arroyos y de fuentes, y nunca faltan pozos en cada lugar …*
… non ha tierra en el mundo que la semeje en abondanza, nin se eguale ninguna a ella en fortalezas et pocas ha en el mundo tan grandes como ella. España sobre todas es adelantada en grandez et mas que todas preciada preciada por lealtad. ¡Ay España! Non ha lengua nin engeño que pueda contar tu bien.	*… no hay tierra en el mundo que la semeje en abundancia, ni se iguale ninguna a ella en fortalezas, y pocas hay en el mundo tan grandes como ella. España sobre todas es adelantada en tamaño y más que todas preciada por la lealtad. ¡Ay España! No hay lengua ni ingenio que pueda contar tu bien.*

Comentario y discusión

Con dos o tres compañeros de su clase discutan estas preguntas.

1. ¿Es completamente objetivo o subjetivo lo que se dice en estos trozos sobre España? ¿Son algunas de las cosas que se dicen objetivas y algunas subjetivas? Cite ejemplos específicos en su respuesta.

2. ¿Cree usted que las personas que escribieron estos trozos querían que sus palabras tuvieran valor como literatura y no solamente como historia? ¿Puede usted encontrar algunas palabras que usted piensa que tienen más valor artístico que histórico?

3. Considerando las tres razas y culturas de las personas que trabajaban con Alfonso el Sabio en sus libros (cristianos, árabes, judíos): ¿Para qué grupo sería más importante mencionar que España tenga tantos ríos, arroyos, fuentes, y pozos? ¿A cuál de los tres grupos cree usted que le interesa más mencionar que España tenga tantas fortalezas?

4. En estos trozos se puede ver el uso de la geografía como parte de la historia. ¿Qué elementos geográficos se mencionan en estos trozos? En su opinión ¿ es esencial comprender la geografía de un país para poder comprender su historia?

5. En el mapa de España busque los ríos que se mencionan en el primer trozo. ¿Están bien distribuidos estos ríos por todo el país, o se encuentran todos más o menos en las mismas regiones? ¿Se puede notar en el mapa si hay una relación entre los ríos y el desarrollo de las ciudades importantes?

6. La selección 1 menciona que hay grandes montañas entre los ríos, y que los valles y los llanos son grandes y anchos. ¿Qué impacto tendría este perfil geográfico en la historia del país? ¿Cómo habría influenciado la historia militar, por ejemplo?

Patio de los leones en la Alhambra

SELECCIÓN 2 : *A unas perdices que le enviaron vivas* (Florencia Pinar, fines de siglo XV)

Sobre la poeta

Florencia Pinar escribió poesía a fines del siglo XV cuando era dama de honor en la corte de Isabel la Católica. Fue una de las primeras mujeres reconocidas en ese tiempo por su arte. Muchos de sus poemas tienen que ver con el amor y contienen elementos que muestran que su manera de pensar era bastante diferente de lo que se esperaba de las mujeres en su tiempo. Es importante mencionar, sin embargo, que las investigaciones históricas hechas recientemente sobre la Edad Media muestran que las mujeres—especialmente las de las clases altas—tenían bastante independencia en España.

El siguiente poema fue escrito casi al fin de la reconquista cuando ya los musulmanes están concentrados en el sur de la península ibérica en la región de Granada. La península en este tiempo está dividida en varios reinos cristianos; el más importante de ellos es Castilla.

Perdiz marineta

A unas perdices que le enviaron vivas (Florencia Pinar, fines de siglo XV)

Destas aves su nación
es cantar con alegría,
y de vellas en prissión
siento yo grave passión
sin sentir nadie la mía.
Ellas lloran que se vieron
sin temor de ser cativas,
y a quien eran más esquivas
essos mismos las prendieron:
sus nombres mi vida son
que va perdiendo alegría,
y de vellas en prissión
siento yo grave passión,
sin sentir nadie la mía.

GUÍA DE LECTURA

perdices *partridges*

enviaron *sent* (< enviar)

destas (esp. ant., contracción de *de estas*)

aves *birds*

nación *nature* (uso antiguo; también significaba *nation*)

vellas *see them* (esp. moderno = verlas)

prissión *prison* (esp. moderno = prisión)

grave *deep, profound, serious*

passión *sorrow, feeling, passion* (esp. moderno = pasión)

temor *fear*

cativas *captives* (esp. moderno = cautivas)

se vieron sin temor de ser cativas" *they had been without fear of being captive*

esquivas *evasive*

essos (esp. moderno = esos)

prendieron *caught, seized, imprisoned* (< prender)

essos mismos las prendieron *those were precisely the ones who caught them*

Comentario y discusión

Con dos o tres compañeros de su clase discutan estas preguntas.

1. ¿Qué palabras o versos sugieren una conexión entre la situación de las perdices y la vida de la poeta?

2. Generalmente en la literatura cuando algo se repite es porque es de importancia. En este poema los versos 3, 4 y 5 se repiten al fin del poema en los versos 12, 13 y 14. ¿Por qué cree usted que estos tres versos son de mayor importancia?

EN RESUMEN

Escriba unos breves párrafos sobre la España moderna y la que existía antes del año 1492.

la Alhambra

Estatua de Alfonso X el Sabio (1221-1284)

EL IMPERIO ESPAÑOL

Carlos V y Felipe II

AGENDA: TEMAS IMPORTANTES

1. ¿Cómo llegó España a ser una potencia mundial al comienzo de la época moderna?

2. ¿Qué retos enfrentó España como poder imperial, y qué factores contribuyeron a su decadencia?

ORIENTACIÓN CRONOLÓGICA

1469   Isabel de Castilla y Fernando de Aragón se casan

1474   Isabel llega a ser reina de Castilla

1478   Se establece la Inquisición en España

1479   Fernando es nombrado rey de Aragón

1492   Los Reyes Católicos (Fernando e Isabel) derrotan a los árabes;
            la expulsión del país de los judíos y los árabes que no se convierten al
            cristianismo;
            Cristóbal Colón con el apoyo de Isabel llega al Caribe en nombre de España

1517   Carlos I (de los Habsburgos austriacos) es nombrado Emperador (Carlos V) del
            Sacro Imperio Romano

1556   Carlos V nombra rey a su hijo Felipe II; en dos años Carlos V se retira al
            monasterio de Yuste.

1588   La derrota de la Armada "Invencible" española en el Canal de la Mancha.

1700   Muere el último Habsburgo, Carlos II, y el trono español pasa a los Borbones
            (Francia).

INTRODUCCIÓN

El año 1492 fue el fin de la Reconquista pero el principio de una nueva época para España. Con la unión en matrimonio de los Reyes Católicos, Fernando de Aragón e Isabel de Castilla, y la unión de sus tierras, poderes y tesoro, España se convirtió de una colección de provincias en un país potente. Y con la expulsión de los musulmanes y los judíos el cristianismo católico se impuso como la religión dominante. En busca de los inconformes, la Inquisición fue una combinación de policía, corte judicial y ejecución todo en uno. Se lanzó una represión atrapando a los moros y judíos que sobrevivían y a los conversos que se consideraron falsos.

En ese mismo año casi incidentalmente los Reyes Católicos invirtieron en la expedición de descubrimiento de un marinero italiano, Cristóbal Colón, cuyo propósito de navegar al oeste para llegar al Oriente (Asia) había sido rechazado por otros monarcas europeos. El éxito de sus viajes inició para España una gran empresa colonial en las Américas.

Gracias a la política de matrimonios dinásticos de los Reyes Católicos, el trono unido de España pasó a su nieto, el emperador Carlos V de la dinastía de los Habsburgos de Austria. Así España toma las riendas de un vasto imperio en cuatro continentes: Europa (Países Bajos, Borgoña, Austria, Italia, etc.), la costa de África y los dos continentes "nuevos", los que hoy llamamos las Américas.

Los siglos XVI y XVII

En el video Carlos Fuentes nos muestra que la ironía no es sólo un artificio literario. Se encuentra en la vida de las personas y en la de las naciones. El imperio español recibe de sus colonias una enorme cantidad de oro y plata, una riqueza que irónicamente da resultados económicos desastrosos.

Felipe II sufre la derrota de su mal llamada Armada Invencible a manos de los ingleses. Otra ironía: durante este gran fracaso España goza de un renacimiento de arte y literatura, el bien llamado Siglo de Oro.

EL ESPEJO ENTERRADO

PREPARACIÓN DEL TEMA

A. Orientación geográfica. Ubique los siguientes lugares en un mapa histórico (algunos nombres ya no se usan).

- el Sacro Imperio Romano germánico
- Cerdeña
- Nápoles
- Sicilia
- Alemania
- los Países Bajos
- las Américas (colonias españolas)
- Filipinas
- las Indias

B. Identificación. ¿Quiénes son estos personajes o acontecimientos? ¿Qué importancia tienen para la historia de España? Busque más información en la biblioteca o en Internet y preséntesela a la clase.

- los césares del antiguo imperio romano
- Martín Lutero
- Felipe II de España
- Luis XIV de Francia
- Lepanto
- la Armada Invencible
- El Escorial
- Jerónimo del Bosco
- la Contrarreforma

Retrato de Felipe II

GUIÓN - *El espejo enterrado*

El creador del imperio español, el Nuevo rey Midas de esta edad de oro, fue Carlos V. Nacido en Flandes, primogénito de la casa de Austria, a la edad de 16 años heredó España y todas sus posesiones. Adondequiera que mirase montado en su caballo, Carlos I de España, mejor conocido por su título como Sacro Emperador Romano Germánico Carlos V, adondequiera que mirase podía ver una posesión de su corona: hacia el este, Cerdeña, Nápoles y Sicilia; hacia el norte, Alemania y los Países Bajos; hacia el sur, sus dominios africanos; hacia el occidente, las Américas; y más allá del Pacífico, las Filipinas.

Carlos gobernó el primero y más grande de todos los imperios modernos. Nadie antes que él, ni siquiera los Césares, habían controlado tal extensión territorial, tal variedad de pueblos y sobre todo, semejante riqueza potencial. Pero el propósito de Carlos V era unificar a la cristiandad. Quería ser el jefe político de la cristiandad de la misma manera que el Papa era el jefe religioso.

*   *   [2'00]   *   *

Pero fuera de España Carlos V se vio constantemente empeñado en acciones guerreras contra sus rivales europeos, contra los turcos en el Mediterráneo. Pero sobre todo, contra la creciente marea de la reforma protestante lanzada por Martín Lutero durante el primer año del reino de Carlos. En la cúspide de su poder, Carlos, exhausto, se retiró al Monasterio de Yuste, terminando su vida en devociones pías, arreglando sus relojes y a veces hasta ensayando su propio funeral. Entregó su herencia a su hijo Felipe II. El nuevo monarca heredó muchos dolores de cabeza, sobre todo el de la sobre-extensión imperial, pero también vastas posesiones y poderes territoriales fundados en la tributación sin control parlamentario, el diezmo eclesiástico y los metales preciosos de las Indias.

Gracias a estos recursos y al crédito bancario, el imperio español duraría cuatro siglos. La Torre del Oro en el Guadalquivir vio pasar las flotillas cargadas de oro y plata rumbo al único puerto autorizado para recibir el tesoro de las Indias: Sevilla.

*   *   [1'00]   *   *

Las ironías abundaron para la España imperial. La monarquía católica de España acabó financiando sin quererlo a sus enemigos protestantes del norte de Europa y a la medida en que España capitalizaba, Europa se descapitalizaba a sí misma.

Luis XIV de Francia lo dijo de una manera más sucinta: "Vendámosles bienes manufacturados a los españoles y que nos paguen con oro y plata." De manera que finalmente acabó siendo cierto lo que se decía en aquella época: "España es pobre porque España es rica." ¿Qué significó esto para nosotros en el Nuevo Mundo hispanoamericano?

Bueno, en la medida en que España se convirtió en una colonia de la Europa capitalista, nosotros en Hispanoamérica nos convertimos en las colonias de una colonia.

Pero el imperio católico de España cubría la mitad del mundo. Los otros poderes europeos se sintieron amenazados por España—sobre todo Inglaterra, gobernada por la reina protestante Isabel I. Isabel animó a sus capitanes a enfrentarse a los españoles en el mar y en el Nuevo Mundo. Para Inglaterra, para Francia, para el resto de Europa, detener a España se convirtió en el principal objetivo de la política exterior: impedir que España trasladara su superioridad en América a una superioridad comparable en Europa. Fortificaciones como éstas en San Juan de Puerto Rico simbolizan la defensa del imperio español en las Américas.

*   *   [2'00]   *   *

Una flota española derrotó a los turcos en Lepanto—celebrada como una gran victoria sobre el infiel—y en la euforia subsiguiente, Felipe resolvió imponerse también a sus rebeldes súbditos holandeses y a su aliado Inglaterra, todos ellos herejes protestantes. La Armada Invencible zarpó con 130 barcos, 30.000 mil hombres, escasa preparación y resultados desastrosos. Sólo la mitad de los barcos y la tercera parte de los hombres sobrevivieron a la catástrofe. El naufragio de la Invencible en las costas de Irlanda e Inglaterra significó el naufragio de la visión imperial de España en Europa y el ascenso del norte protestante.

Felipe se retiró a la ciudadela de su ortodoxia, El Escorial, concebido por el rey como monasterio, necrópolis y fortaleza de la fe. Desde esta pequeña oficina, un hombre gobernó al imperio más grande que hasta entonces había conocido la historia.

*   *   [2'00]   *   *

La idea de la muerte debió acompañarle siempre—la muerte de sus tres mujeres, de casi todos sus hijos, especialmente su hijo Don Carlos, encarcelado por el propio rey. ¿Es concebible que haya encontrado consuelo mirando las fantasías de la carne y el pecado en uno de sus pintores favoritos, el artista flamenco Jerónimo del Bosco?

Durante el reino de Felipe, la Iglesia de Roma lanzó la Contrarreforma como una defensa de la ortodoxia católica contra la reforma protestante. La Inquisición adquirió aun más poder, extendiendo su vigilancia y persecución no sólo contra los moros y los judíos, sino contra los conversos, sospechosos de mala fe y de prácticas secretas.

La visión de Felipe—un mundo católico con él mismo como la cabeza política—efectivamente aisló a España de la dinámica del cambio en Europa. No obstante, como en toda sociedad autoritaria, la imaginación visual y verbal logró burlar a la censura.

DESPUÉS DE VER

A. ¿Entendió? Conteste las siguientes preguntas según el guión del video.

1. ¿Cómo ilustra Fuentes la extensión del imperio de Carlos V?

2. ¿Qué problemas heredó Felipe II de su padre?

3. ¿En qué gastó España el tesoro de las Indias?

4. ¿Cómo describe Fuentes las relaciones entre España e Inglaterra durante esta época? ¿Qué otros enemigos tenía España? ¿Por qué?

5. ¿Cómo era Felipe II?

B. Temas para discutir. Trabaje con un grupo de compañeros de clase para discutir los siguientes temas.

1. ¿Qué significan las palabras capitalizar y descapitalizar? ¿Por qué son conceptos importantes en la historia española de la época imperial?

2. Explique el significado de la frase "España es pobre porque España es rica."

3. ¿Existen hoy en día conflictos entre la ortodoxia religiosa y las reformas que según algunos, son necesarias? ¿Se parecen de alguna manera a los conflictos religiosos de la época de Felipe II?

4. Busque más información sobre las expresiones artísticas que rodearon a Felipe II: El Escorial, las pinturas de Juan del Bosco. ¿Cómo reflejan la personalidad y la ideología del emperador español?

NOTAS DE LENGUA

LA EXPANSIÓN DEL CASTELLANO

"Siempre la lengua fue compañera del Imperio." Esta frase de la primera gramática de la lengua castellana de Antonio de Nebrija, publicada en el año clave de 1492, presagió (*foreshadowed*) una expansión explosiva del poder español en el mundo. En el prólogo de la gramática de Nebrija, dirigido a la reina Isabel de Castilla, el autor explica la necesidad de publicar una descripción de la lengua castellana: "...después que vuestra Alteça metiesse debaxo de su iugo muchos pueblos bárbaros y naciones de peregrinas lenguas, ... aquéllos ternían la necessidad de recebir las leies quel vencedor pone al vencido, y con ellas nuestra lengua ...".[1] Nebrija escribió estas líneas en el último momento de la Reconquista de la península ibérica, unos meses después de la entrega de Granada. Pero el lector notará que Nebrija utiliza una frase condicional hipotética (...metiesse...ternían...); no podría saber en aquel momento que pronto volvería Cristóbal Colón de su primer viaje a las Américas, así empezando la aventura colonial de España en el hemisferio occidental.

Tampoco sabría que dentro de una generación la corona española controlaría una gran parte del territorio europeo. El español nunca se implantó permanentemente en sus posesiones continentales en los siglos XVI-XVII (Países Bajos, sur de Italia, etc.), pero sí se usó como lengua franca en las relaciones internacionales. Nebrija también escribió, "Ya en Italia assí entre damas como entre cavalleros se tiene por gentileza y galanía saber hablar castellano."[2] Y luego, el español se difundió en las Américas. Se puede decir que todavía está en expansión, 500 años después, con unos 332 millones de hablantes en todo el mundo.

Murallas, Ávila

---

[1] En español contemporáneo, "...después de que vuestra Alteza metiese debajo de su yugo (*yoke*) muchos pueblos bárbaros y naciones de peregrinas (*strange*) lenguas ... aquéllos tendrían la necesidad de recibir las leyes que el vencedor pone al vencido, y con ellas nuestra lengua...".

[2] "Ya en Italia así entre damas como entre caballeros se tiene por gentileza (*breeding*) y galantería (*gallantry*) saber hablar castellano."

GRAMÁTICA EN BREVE

Narrating in the past

Both the **pretérito** and the **imperfecto** indicate events or conditions in the past, but they are not interchangeable. The preterite views past actions as either initiated or terminated, often with a specific time reference.

Tal **fue** la gran empresa que **concentró** la atención de España durante 700 años: la Reconquista.	*Such was the great enterprise that concentrated Spain's attention during 700 years: the Reconquest.*
Carlos V, a la edad de 16 años, **heredó** España y todas sus posesiones.	*Carlos V, at the age of 16, inherited Spain and all its possessions.*
Al fin exhausto, **se retiró** al Monasterio de Yuste y **entregó** su herencia a su hijo Felipe II.	*Exhausted in the end, he retired to the Monastery of Yuste and handed over his legacy to his son Felipe II.*

The imperfect, on the other hand, describes conditions existing in the past. Neither the beginning nor the end of the action or state is mentioned, and a specific time reference is not allowed.

En el sur de España **florecía** una civilización sensualmente magnífica; en el norte cristiano las duras realidades de la guerra y de la fe militante **excluían** semejantes placeres.	*In the south of Spain there flourished a sensually magnificent civilization; in the Christian north the harsh realities of war and of militant faith ruled out such pleasures.*

In a narration, the imperfect usually "sets the scene", and the listener or reader expects more information to be added, typically actions narrated in the preterit. The preterit interrupts the ongoing aspect of the description, which is given in the imperfect:

A medida que la Reconquista **ganaba** terreno, la intolerancia le **seguía** el paso. Miles de judíos **se convirtieron** al cristianismo sólo por ser sospechados de herejía.	*As the Reconquest gained territory, intolerance followed in its steps. Thousands of Jews converted to Christianity for no other reason than being suspected of heresy.*

English does not have an exact equivalent to the preterit/imperfect contrast. The inherent subtleties must be rendered using constructions or vocabulary that imply continuity or habitual action (for the imperfect) and finality (for the preterit).

Se lanzó una represión a los moros y judíos que **sobrevivían**.	*A wave of repression was launched [completed action] against the Moors and Jews who were still alive [ongoing state of having survived].*
Acabó siendo cierto lo que **se decía**...	*It turned out to be true what was being said...*

Reread the videoscript for this or any of the preceding chapters with special attention to the uses of these two past tenses.

Conjunto escultórico del Lazarillo de Tormes en Salamanca

LITERATURA

SELECCIÓN 1

Contexto histórico

Desde el punto de vista literario, el año 1492 representa el comienzo de un período de excelencia artística en España. Todos los géneros literarios muestran cambios de lo que habían sido durante la reconquista, y la prosa en particular muestra características que revelan los cambios que están afectando al pueblo español.

Uno de los géneros de prosa exclusivamente españoles en ese tiempo es la novela picaresca. En 1554 se publicó anónimamente el libro que se considera el prototipo de este género, *La vida de Lazarillo de Tormes*. Es interesante notar que fue en 1556 que Carlos V le cede el trono de España a su hijo Felipe II, por lo tanto esta primera novela picaresca aparece en un instante que refleja la situación del país en un momento de gran importancia.

Al contrario de muchas otras novelas del mismo tiempo, la novela picaresca es realista. Generalmente es autobiográfica y el protagonista es de las clases bajas de la sociedad y es un **pícaro** (*rogue*); esto significa que es una persona que está dispuesta a hacer lo que se requiera para sobrevivir, incluso quebrantar la ley y robar si es necesario. Es una persona bastante cínica que es forzada por la pobreza a vivir al margen de la sociedad.

El propósito de la novela picaresca no es solamente contar las aventuras del protagonista para entretener a los lectores. También tiene un propósito social importante: nos muestra la realidad y la miseria de la vida de los pobres. El protagonista, que casi siempre tiene hambre, generalmente cuenta aventuras que le ocurren con gente de muchos niveles sociales del país, incluso los más altos. Lo que vemos es que nadie tiene interés en los problemas de los pobres ni tiene compasión para ayudar. Todos son egoístas y están ocupados con sus propios problemas. Y a la vez que critica esta indiferencia de la sociedad, la novela picaresca también es una crítica del gobierno que no hace casi nada para eliminar la pobreza o aliviar sus efectos.

Sobre la obra

El trozo a continuación es del libro anónimo "La vida de Lazarillo de Tormes" que se publicó en 1554 y que muestra las realidades sociales de un país que es el más poderoso de Europa en ese momento. El protagonista es un niño de Salamanca que cuenta su vida. Debido a la pobreza y miseria de su madre que no tenía los medios para darle lo necesario, Lazarillo se tuvo que ir con un ciego para guiarlo y ayudarle. El libro tiene siete capítulos (llamados "tratados") y en cada uno de ellos Lazarillo está con un amo diferente, de modo que el ciego es solamente el primero de varios. El trozo siguiente es uno de los episodios del tratado primero en el que Lazarillo cuenta cómo fue su vida con el ciego, quien nunca le da suficiente de comer. Todo el tiempo que está con él, Lazarillo tiene hambre. En este momento en la narración, Lazarillo y el ciego se sientan a comer unas uvas que un hombre les dio de limosna (*alms, charity*).

CLAVE LITERARIA:
La estructura

Uno de los elementos más importantes que los autores tienen que considerar cuando escriben es la estructura de la obra, y esto se aplica a todos los géneros literarios ya sea la novela, el cuento, el teatro o la poesía.

En la crítica literaria, cuando se habla de "estructura" se trata del diseño general, es decir de la manera en la que las varias partes de la obra están organizadas. Hay muchas opciones, pero claro que hay algunas estructuras que son utilizadas por muchos escritores. En una buena obra, hay un equilibrio entre todas las partes de modo que cada una contribuye algo esencial o importante a la totalidad.

Algunas estructuras modernas de la literatura y del cine son muy complicadas y tienen, por ejemplo, muchos flashbacks (también llamados "escenas retrospectivas") que fuerzan a los lectores a que trabajen mentalmente todo el tiempo para comprender las relaciones entre el pasado, el presente y el futuro. Pero una estructura muy común de las obras narrativas es la cronológica, en la que se cuentan las cosas en el orden en que sucedieron. Esto puede resultar en algunos casos en una estructura "episódica" en la que la base de la narración es simplemente una sucesión de episodios o escenas.

¿Puede usted pensar en alguna novela o película que tenga una estructura que es muy diferente de otras?

La vida del Lazarillo de Tormes (trozo)

Sentámonos en un valladar y dijo:

—Agora quiero yo usar contigo de una liberalidad, y es que ambos comamos este racimo de uvas, y que hayas dél tanta parte como yo. Partillo hemos desta manera: tú picarás una vez y yo otra; con tal que me prometas no tomar cada vez más de una uva, yo haré lo mesmo hasta que lo acabemos, y desta suerte no habrá engaño.

Hecho ansí el concierto, comenzamos; mas luego al segundo lance el traidor mudó de propósito y comenzó a tomar de dos en dos, considerando que yo debría hacer lo mismo. Como vi que él quebraba la postura, no me contenté ir a la par con él, mas aun pasaba adelante: dos a dos, y tres a tres, y como podía las comía. Acabado el racimo, estuvo un poco con el escobajo en la mano y meneando la cabeza dijo:

—Lázaro, engañado me has: juraré yo a Dios que has tú comido las uvas tres a tres.

—No comí — dije yo — más ¿por qué sospecháis eso?

Respondió el sagacísimo ciego:

—¿Sabes en qué veo que las comiste tres a tres? En que comía yo dos a dos y callabas.

Reíme entre mí, y aunque mochacho noté mucho la discreta consideración del ciego.

GUÍA DE LECTURA

sentámonos *we sat down* (esp. mod. = nos sentamos)

valladar *fence*

agora *now* **(esp. mod. = ahora)**

liberalidad *generosity*

racimo de uvas *bunch of grapes*

que hayas dél tanta parte como yo *that you get as much of it as I do*

partillo hemos *we will divide it* (esp. mod. = lo partiremos)

desta manera *in this way/manner* (esp. mod. = de esta…)

tú picarás una vez y yo otra

you will pick one and then I will pick one too

mesmo *the same* (esp. mod. = mismo)

desta suerte no habrá engaño *in this way there will be no deceit/tricks*

ansí *therefore* (esp. mod. = así)

hecho ansí el concierto *once the agreement was made*

mas luego al segundo lance *but then on the second move/time*

el traidor mudó propósito *the traitor changed what he had said he would do*

comenzó a tomar de dos en dos *began to take them two at a time*

debría *should/would* (< deber, mod. esp. = debería)

Como vi que él quebraba la postura *when I saw that he was breaking the agreement*

No me contenté con ir a la par con él *I was not satisfied with doing the same thing he was doing*

Mas aun pasaba adelante *Not only that, I went farther*

escobajo *the stalk, stem (of the grapes)*

meneando *shaking* (< menear)

engañado me has *you have tricked me*

Juraré *I will swear* (< jurar)

Sospecháis *suspect* (< sospechar)

sagacísimo *very shrewd* (< sagaz)

callabas *you were silent* (< callar)

reíme entre mí *I laughed to myself* (esp. mod. = me reí…)

mochacho *young man, young* (esp. mod. = muchacho)

discreta *good sense, intelligent* (también, *discreet*)

Comentario y discusión

Con dos o tres compañeros de su clase discutan estas preguntas.

1. En este trozo y en todo el libro se puede ver que el hambre siempre está presente. En este caso la vemos por medio de la competencia entre los dos personajes de modo que cada uno trata de comer más que el otro. ¿Qué efecto tiene en los lectores saber que Lazarillo siempre tiene hambre? ¿Qué emociones produce? ¿Qué sugiere sobre el país, el gobierno y la sociedad?

2. ¿Cuáles pueden ser las razones por las que el autor hace que Lazarillo nos cuente este episodio? Consideren las siguientes posibilidades, y añadan otras que se les ocurran, justificando sus respuestas con información de la selección.
   - para crear humor
   - para entretenernos
   - para que pensemos en las realidades de la vida en ese tiempo

3. ¿Qué efecto tiene que Lazarillo sea un niño? ¿Serían diferentes nuestras reacciones si fuera un adulto?

4. Habría sido muy fácil para Lazarillo decir algo cuando vio que el ciego estaba comiendo las uvas de dos en dos, pero no lo hizo. ¿Creen ustedes que no lo hizo porque tenía miedo de crear una confrontación tan directa? ¿Se les ocurren otras razones?

5. Al fin del trozo Lazarillo sugiere que ha aprendido una lección del ciego. ¿Cuál puede ser esta lección? Considere las siguientes posibilidades:
   - una lección moral o una lección de cómo actuar y pensar para sobrevivir en una vida de pobreza como la suya
   - una lección de que es bueno no ser honesto
   - una lección de que es bueno poner en duda la honestidad de los demás en lugar de confiar en ellos

¿Creen ustedes que fue la intención del ciego enseñarle esta lección?

Vista de la Universidad de Salamanca

EN RESUMEN

Al empezar el siglo 18, España se convirtió en un imperio colonial.
¿Qué factores hicieron posible este cambio?

Retrato de Carlos V por Tiziano

EL SIGLO DE ORO ESPAÑOL

AGENDA: TEMAS IMPORTANTES

1. ¿Qué es el renacimiento? ¿Cómo cambiaron España y Europa en esta época?

2. ¿Cuáles son las principales manifestaciones artísticas de la época moderna en España?

ORIENTACIÓN CRONOLÓGICA

1492	Empieza la Edad de Oro en España; Grandes triunfos en literatura, arte y arquitectura; Publicación de la primera gramática del castellano (Antonio de Nebrija); Primer viaje de Colón a las Américas
1563	Felipe II (Habsburgo) manda construir el monasterio de El Escorial, completado en veintiún años (1584)
1586	El Greco pinta en Toledo "El Entierro del Conde Orgaz."
1605	Se publica la primera parte de *Don Quijote*; Empiezan a salir las comedias de Lope de Vega
1615	Sale la segunda parte de *Don Quijote*
1630	El gran dramaturgo, Tirso de Molina, escribe *El Burlador de Sevilla*, estableciendo el personaje prototipo de don Juan
1636	Aparece *La Vida es Sueño* de Calderón de la Barca
1656	Diego de Velázquez pinta *Las meninas* (Museo el Prado)
1701-1714	Guerra de la sucesión española: conflicto europeo que termina con los Borbones (la familia real francesa) en el trono español
1704	Los ingleses toman Gibraltar
1808-1814	La Guerra de la Independencia contra Francia
1828	muere Francisco de Goya, pintor de la Corte de los Borbones

INTRODUCCIÓN

La edad de oro o "el siglo de oro" son dos nombres que se usan con frecuencia para referirse al "renacimiento" (the "Renaissance") en España. La palabra "renacimiento" proviene del verbo "nacer" y significa "nacer de nuevo" (en inglés "rebirth").

El renacimiento fue un período de gran renovación y cambios (artísticos, literarios, filosóficos, religiosos, sociales, políticos, científicos, etc.) que ocurrió en Europa Occidental en los siglos XIV al XVII. Comenzó en Italia y después pasó a los otros países europeos, difundido principalmente por los movimientos de militares que viajaban de un lugar a otro constantemente y que llevaban consigo las nuevas ideas. Aunque hay muchísimos factores que facilitaron el renacimiento, probablemente el más importante de todos fue la invención de la imprenta por Gutenberg (en 1440). Antes de que la imprenta existiera, los únicos libros que existían eran escritos a mano y por lo tanto muy pocas personas tenían acceso a ellos. La imprenta permitió que las grandes ideas de los griegos y los romanos estuvieran disponibles a muchas más personas. El resultado fue un gran deseo de aprender y una nueva manera de pensar, es decir, un "renacimiento" de las antiguas culturas griega y romana y de libertad de pensamiento. El renacimiento es esencialmente el período de transición entre la edad media (the Middle Ages) y la edad moderna.

Es esencial saber algo sobre el "humanismo" que fue el impulso que le dio vida al renacimiento. La palabra "humanismo" ha adquirido otros significados en tiempos más modernos, pero aquí estamos hablando de lo que significaba en ese tiempo. El humanismo fue el resultado del redescubrimiento del pensamiento y de las filosofías de los griegos y los romanos, y uno de sus aspectos más importantes es la convicción de que los seres humanos tenemos la capacidad para llegar a la verdad nosotros mismos y que no necesitamos que otros nos digan lo que debemos creer. Nuestra experiencia humana se puede usar para llegar a conocer la realidad y la verdad. No todos tenemos que pensar lo mismo pues cada uno de nosotros puede ver el mundo de una manera diferente. Es decir, el individuo—y lo que piensa el individuo—tiene valor, y el resultado es libertad de pensamiento. Libertad para aprender, para ejercitar la curiosidad, y para dudar. El individualismo y la posibilidad de democracia—que habían sido importantes en Grecia y Roma y que habían sido reprimidos durante la Edad Media—tienen la posibilidad de volver a surgir, de "renacer".

Si se añaden a esta libertad de pensamiento los nuevos descubrimientos científicos de ese tiempo, como los de la astronomía que mostraron que la tierra no era el centro del universo, es fácil ver que el renacimiento es un momento de enormes cambios y de confusión también. Todo lo que se había creído por muchos siglos se destruye en poco tiempo cuando la gente se da cuenta de que la razón es por lo menos tan importante como la fe para llegar a la verdad.

Todo el mundo está de acuerdo en que 1492 es una buena fecha para indicar el comienzo del "siglo de oro" en España, debido a tantos eventos de importancia que ocurrieron ese año (la victoria militar sobre los moros y la consolidación del país; la expulsión de los judíos; la llegada de Colón a América en nombre de los reyes de España).

Pero no todo el mundo está de acuerdo en cuándo termina el "siglo de oro." Algunos creen que debe terminar alrededor de 1630, después de la muerte de Cervantes (1547-1616) y Góngora (1561-1627) mientras que otros dicen que debe durar más. Algunos creen que debe durar hasta la última parte del siglo XVII porque quieren incluir otros autores. De todos modos no hay duda de que el siglo de oro dura más de cien años y por eso algunos prefieren usar el término "la edad de oro". Al igual que el renacimiento en el resto de Europa, la edad de oro de España es el período de transición entre la edad media y la edad moderna.

EL ESPEJO ENTERRADO

PREPARACIÓN DEL TEMA

A. Perspectivas al mundo. Primero, compruebe el significado de las siguientes expresiones. Luego, decida qué ideas de la lista se asocian con la mentalidad medieval europea y cuáles describen más bien la mentalidad "moderna".

	ideas de la mentalidad medieval	ideas "modernas"
la verdad es revelada a los humanos por Dios		
la razón humana puede descubrir la verdad		
la superstición y la magia afectan las acciones humanas		
una jerarquía social estable y difícil de cambiar		
la facilidad de cambiar de clase social		
la rigidez dogmática de un solo punto de vista ortodoxo		
un mundo cerrado		
un mundo abierto a nuevas ideas		

B. Identificación. ¿Cuál es la importancia de estos personajes, lugares u obras? Busque más información en la biblioteca o en Internet y preséntesela a la clase.

1. Miguel de Cervantes
2. *El ingenioso hidalgo Don Quijote de la Mancha*
3. Diego Velázquez
4. *Las meninas*
5. La Mancha
6. la inquisición

Las meninas de Diego Velázquez, El Prado

GUIÓN - *El espejo enterrado*

Con su libro *Don Quijote de la Mancha,* publicado en 1605, Miguel de Cervantes funda la novela moderna en la nación europea más empeñada en negarle entrada a la modernidad. Pues si la España de la inquisición impone un punto de vista único, Cervantes imagina un mundo de múltiples puntos de vista. Y lo hace mediante una sátira inocente de las novelas de caballería.

Pero Don Quijote, como Colón, descubrió más de lo que creyó: Colón, un continente nuevo; Cervantes, la novela moderna.

Don Quijote sale de su aldea a los campos de la Mancha, dejando atrás el refugio de sus libros de su biblioteca; pues ante todo, Don Quijote es un lector que cree en lo que lee. Su lectura es su locura y para él los molinos son gigantes porque así lo indican los libros que ha leído y, cuando ataca al molino y sale volando por los aires y cae de cabeza, se levanta y sigue creyendo que es la obra de gigantes y de magos. Vuelve a montar en Rocinante y sigue adelante luchando contra follones y malandrines y protegiendo a huérfanos y viudas porque así se lo indica el código de honor que ha leído en sus libros.

De tal suerte que Don Quijote no sólo abandona su aldea, sino también el mundo bien ordenado de la Edad Media—sólido como un castillo donde todas las cosas tenían un lugar jerárquico reconocible—para entrar al valiente mundo nuevo del Renacimiento, agitado por los vientos del cambio y la ambigüedad donde todo está en duda.

Todo es incierto en Cervantes. Al principio de la novela, claro, la memoria misma es incierta. Estamos aquí en La Mancha, pero en un lugar de La Mancha "de cuyo nombre no quiero acordarme." Y continúa con la pregunta: ¿Quién es Don Quijote? ¿Un valeroso caballero andante de antaño o simplemente un hidalgo pobretón llamado Alonso Quijano, o Quesada, medio enloquecido con tanta lectura de novelas de caballería? ¿Y quién es en realidad la dama de Don Quijote, Dulcinea? ¿Una humilde muchacha del campo o una gran princesa?

La duda y la fe. La certidumbre y la incertidumbre, lado a lado. Estos son los temas del mundo moderno que Cervantes presenta en el más moderno de los géneros, la novela, producto de la nueva invención, la imprenta, el libro vendido a bajo precio, leído por todo el mundo, incluyendo a Don Quijote y Sancho Panza, que se convierten en los primeros personajes de ficción que saben que están siendo escritos y leídos en una novela. Modernidad … pero también desilusión. Dostoievsky la llamó "la obra más triste que jamás se ha escrito." Y, en efecto, es la historia de una paulatina desilusión.

Al final, Don Quijote regresa a su aldea y recupera la razón, pero para él esto es una locura. Muere. O más bien dicho, muere el viejo hidalgo Alonso Quijano, pero Don Quijote sigue viviendo para siempre en su libro: loca, heróica, cómica, galantemente.

Otra perspectiva moderna es abierta durante el Siglo de Oro español. Al entrar a esta sala del Museo del Prado en Madrid, sorprendemos a un pintor, Velázquez, haciendo lo que debe hacer, que es pintar. Pero ¿a quién está pintando Velázquez? ¿A la infanta, a sus dueñas, a la enana, a un caballero de negro que entra por un umbral iluminado, o a dos figuras apenas perceptibles en la sombra de un espejo enterrado, los padres de la princesa: el Rey y la Reina de España? Podríamos pensar que Velázquez está pintando el mismo cuadro que en este momento estamos viendo: Las Meninas. Hasta que nos damos cuenta de que la mayoría de las figuras, con excepción, claro está, del perro adormilado, nos están mirando a nosotros, a ti y a mí. ¿Somos nosotros los verdaderos protagonistas de Las Meninas de Velázquez? Velázquez y toda la corte nos invitan a ingresar al cuadro; pero al mismo tiempo el cuadro da un paso hacia adelante y se acerca a nosotros; nos incorpora. Las meninas nos proporciona esta libertad de entrar y salir del cuadro. Y la libertad también de ver al cuadro, y por extensión al mundo, de múltiples maneras y no sólo de una manera ortodoxa o dogmática.

Cervantes nos enseña a leer de nuevo. Velázquez nos enseña a ver de nuevo, ambos creando desde el interior de una sociedad cerrada: redefinen la realidad en términos de la imaginación. Lo que imaginamos es posible, lo que imaginamos es verdadero.

DESPUÉS DE VER

A. ¿Entendió? Conteste las siguientes preguntas según el guión del video.

1. ¿Qué saben de la mentalidad medieval europea? ¿Qué características de esta época contrasta Fuentes con el Renacimiento?

2. ¿Por qué dice Fuentes que el *Quijote* es una novela "moderna"?

3. ¿Quiénes son los personajes de *Don Quijote* mencionados por Fuentes?

4. Resuma la acción de la novela, según Fuentes. Pueden añadir más detalles si han leído la novela.

5. ¿Quiénes son los personajes en el cuadro de Velázquez?

6. ¿Qué paralelos tienen estas dos obras "modernas": *Don Quijote* de Cervantes y *Las meninas* de Velázquez?

B. Temas para discutir. Trabaje con un grupo de compañeros de clase para discutir los siguientes temas.

1. Fuentes dice que España es "la nación más empeñada en negarle entrada a la modernidad". ¿Qué quiere decir exactamente? ¿Qué evidencia tenemos de que España quiere mantenerse en su pasado medieval?

2. Fuentes habla de la yuxtaposición de la duda y la fe, la certidumbre y la incertidumbre. ¿Cómo se presenta esta ambigüedad en *Don Quijote*?

3. ¿Es única al renacimiento esta yuxtaposición de la duda y la fe? ¿En qué otros momentos de la historia se han producido conflictos relacionados con la fe?

4. Estudien la obra de Velázquez, *Las meninas*, y describan en sus propias palabras lo que ustedes ven en el cuadro. Busquen otras obras españolas anteriores a *Las meninas* y describan las diferencias.

NOTAS DE LENGUA

LA FORMACIÓN DE LOS DIALECTOS DEL ESPAÑOL

Seguramente usted ha notado que los hispanohablantes de los diferentes países hablan dialectos distintos, con diferencias de vocabulario y sonidos (**¿Cómo?** en España = **¿Mande?** en México, **novio** en Argentina = **pololo** en Chile, etc.). Pero ¿cómo se originaron estas diferencias?

Como vimos en el capítulo 3, el castellano fue el "dialecto" del latín que más éxito tuvo en la reconquista lingüística de la península ibérica. Pero nunca fue un habla homogénea; entre los castellano-parlantes había variación dialectal. Los hablantes de la zona sur (Andalucía) ya se distinguían en el s. XV de los del centro/norte (véase Notas de lengua, capítulo 1). Se cree que a medida que avanzaba la Reconquista hacia el sur, las hablas de los repobladores absorbían y se mezclaban con el mozárabe, antigua lengua romance, y por eso iban diferenciándose del castellano del norte. El habla de Toledo (centro, sede de la corte real después de la toma de la ciudad en 1085) tenía mucho prestigio, pero ya en el siglo XV, competía con el habla de Sevilla (sur), ciudad rica gracias al puerto que tenía el monopolio de comercio con las nuevas colonias americanas a partir del siglo XVI.

Esta división norte-sur de España se exportó a las Américas con la colonización. Muchos oficiales de la corte (Toledo, y luego Madrid) se asentaron en las capitales virreinales de las colonias (México, Cuzco, Potosí), que por casualidad se encuentran en tierras con elevación alta (mesetas, altiplanos y montañas). Los marineros y otros inmigrantes que pasaron por el puerto de Sevilla se quedaron en las zonas costeras (el Caribe, Chile, Argentina), con altitud baja, llevando consigo las hablas del sur de la península. Así se da el contraste entre los dialectos de "tierras altas" y "tierras bajas" en las Américas de habla española; explica por qué el español de México se parece más al español de Bolivia (dos lugares de tierras altas) que al de Cuba (tierra baja), que queda más cerca.

Por supuesto, otras diferencias entre el español de España y el de las Américas, y entre los diferentes dialectos dentro de las Américas, vienen de influencias de las lenguas indígenas del hemisferio occidental.

1. ¿Qué dialectos del español conoce usted? ¿Qué rasgos lingüísticos caracterizan cada variante (vocabulario, sonidos, estructuras, entonación, etc.)?

2. ¿Qué dialectos del español se parecen más? ¿Se encuentran en lugares contiguos o apartados?

3. Busque las siguientes ciudades en un mapa de geografía física, anotando la altitud de cada lugar. Indique si según la altitud es una zona de "tierras altas" o "tierras bajas". Luego, compare los rasgos dialectales dentro de cada grupo.

Bogotá, Colombia   Buenos Aires, Argentina
Caracas, Venezuela   Cuzco, Perú
La Habana, Cuba   La Paz, Bolivia
Lima, Perú   México (Distrito Federal)
San Juan, Puerto Rico   Santiago de Chile

GRAMÁTICA EN BREVE

Usos del subjuntivo (1)

The indicative is the basic verbal mood in Spanish and is used to describe objective reality in any time frame (past, present, future). Spanish has another mood, the subjunctive, which is used to express the potential, the hypothetical, or the unreal, with its own tenses (present, imperfect, and perfect forms). In this and the following chapters we will review the most common and important uses of the subjunctive mood.

The subjunctive is normally a secondary verb contained in a dependent clause, but in this chapter we deal with the cases in which it can appear as the main verb in a clause.

Independent or **main clauses** contain a subject and verb and express a complete idea. A **dependent clause** also has a subject and verb, but it is introduced by a connecting word (**conector** or **pronombre relativo**, the most common of which is **que**) and cannot stand alone, without an independent clause to complete the statement. Dependent clauses (also called subordinate clauses) are labeled adverbial, adjectival or noun clauses because they serve the same functions as a simple adverb, adjective or noun, respectively.

A. Expressions

A few expressions will cause the subjunctive to be used as the main verb, e.g. **quizá(s)**, **tal vez** and **acaso**, which all mean "perhaps," and frequently indicate doubt; or **ojalá (que),** which is used to indicate a wish.

Quizás la música de los gitanos **tenga** otras influencias que no conocemos.	*Gypsy music may have other influences we don't know about.*
Tal vez el fin de la guerra **sea** el principio de una nueva época para España.	*Perhaps the end of the war may be the beginning of a new era for Spain.*
Ojalá que el futuro traiga algo mejor para el país.	*I hope the future brings something better for the country.*

B. Direct commands

Second-person ("you")

Direct commands can be affirmative or negative, formal (addressed to **usted** or **ustedes**) or familiar (addressed to **tú** or **vosotros**). All commands except the **tú** and **vosotros** affirmative (see below) use forms of the present subjunctive.

¡**Baile** y **cante**!	*Dance and sing!* (**usted**)
¡No **baile** y no **cante**!	*Don't dance and don't sing!* (**usted**)
¡**Bailen** y **canten**!	*Dance and sing!* (**ustedes**)
¡No **bailen** y no **canten**!	*Don't dance and don't sing!* (**ustedes**)
¡No **olvides** la guitarra!	*Don't forget the guitar!* (**tú**, negative)
¡No **olvidéis** la guitarra!	*Don't forget the guitar!* (**vosotros**, negative)

Familiar (affirmative)

The affirmative familiar commands are not expressed with the subjunctive. For regular verbs, the singular (**tú**) form is identical to the third person present indicative of the verb. The plural (**vosotros**) is formed by replacing the final **-r** of the infinitive with the ending **-d**.

Aprende esta música.	*Learn this music.* (**tú**)
Aprended esta música.	*Learn this music.* (**vosotros**)

There are eight verbs which have irregular forms for the **tú** affirmative command:

decir	di
hacer	haz
ir	ve
poner	pon
salir	sal
ser	sé
tener	ten
venir	ven

Nosotros

The Spanish equivalent of "let's…" is also considered a command form (addressed to **nosotros**) and uses the first person plural subjunctive for both the affirmative and the negative.

(No) **toquemos** ese cantar.	*Let's (not) play that ballad.*

C. Indirect commands

Indirect commands, requests addressed to a third party, also use the subjunctive forms in Spanish. Note the use of **que** to introduce such phrases.

¡Que **cante** el joven!	*Let the young man sing!*
¡Que **comiencen** las bailaoras!	*May the dancers begin!*

LITERATURA

SELECCIÓN 1 : *El ingenioso hidalgo Don Quijote de la Mancha, Segunda Parte* (trozo) (Miguel de Cervantes Saavedra)

Sobre el autor

Miguel de Cervantes nació en Alcalá de Henares (cerca de Madrid) en 1547 y murió en Madrid en 1616. Escribió novelas, dramas, y poesía, pero de todas sus obras no hay duda de que es el libro de *Don Quijote de la Mancha* el que ha alcanzado la mayor fama en la literatura mundial.

Cervantes tuvo oportunidades de conocer todos los niveles de la sociedad española en Sevilla, Madrid y otras partes de España en las que trabajó y estudió. Fue también soldado, y durante una batalla (Lepanto, 1571) fue herido y perdió el uso de la mano izquierda. Hasta hoy día, los españoles y los latinoamericanos se refieren a Cervantes con admiración y cariñosamente como "el manco de Lepanto". Cuatro años más tarde, cuando tenía casi 28 años, un barco en el que estaba viajando fue atacado por militares turcos, y Cervantes fue capturado y pasó cinco años como prisionero en Algeria, en el norte de África. Por fin rescatado cuando tenía 33 años, volvió a España y comenzó a escribir, pero también tenía que trabajar para ganarse la vida pues sus obras no le daban suficiente dinero para vivir. *Don Quijote* (publicado en dos partes en 1605 y 1615) fue la primera de sus obras que tuvo inmediato y verdadero éxito. A pesar de la fama que el libro le dió, Cervantes murió sin dinero, pero orgulloso de su creación.

En los personajes y en el mundo social que Cervantes presenta en *Don Quijote* es posible ver que las experiencias de su vida le habían dado una gran comprensión de la psicología de los españoles y de los seres humanos en general. La habilidad de Cervantes para crear personajes intensamente humanos ha resultado en que los lectores de todas partes del mundo piensen que están representados en la obra. Es decir, es un libro no solamente español, sino universal.

Se dice con frecuencia que *Don Quijote* es la primera novela moderna. Para poder comprender lo que esto significa, una definición de la novela es necesaria. Pero definir la novela no es fácil pues cambia mucho de un tiempo a otro y además hay muchas categorías y enormes diferencias entre ellas. Lo que tienen en común es que son obras de ficción escritas en prosa que tratan de individuos complicados que confrontan sus limitaciones humanas y que funcionan dentro de los ambientes comunes de la sociedad. En la literatura anterior a la novela, los protagonistas eran gente privilegiada, como reyes y reinas, los nobles, y los caballeros. La novela moderna trae la literatura a la gente común, y los personajes no tienen que ser privilegiados ni social, ni moralmente. El resultado es que más que otros géneros, la novela moderna tiende a presentar una imagen más clara de la realidad en que la gente vive, y también a representar el momento en que se escribe.

Hay otros libros escritos durante el mismo tiempo que *Don Quijote* o antes, que contienen características de la novela moderna. El libro de Lazarillo que se publicó en 1554 es un buen ejemplo. En realidad, más bien que afirmar que *Don Quijote* es sin duda "la primera novela moderna", sería mejor simplemente decir que contiene los elementos básicos de lo que llegó a considerarse la novela moderna.

Es importante mencionar que en los siglos que siguieron, y especialmente en el siglo veinte, estos conceptos de la novela cambiaron muchísimo. Todavía en nuestro tiempo siguen cambiando, de modo que hay varios tipos de novelas recientes, como por ejemplo las de "ciencia ficción", que evidentemente ya no tienen las mismas características.

CLAVE LITERARIA:
La caracterización

La palabra "caracterización" se refiere a los métodos que los escritores utilizan para mostrar los rasgos, el temperamento, la personalidad, la manera de pensar, y las cualidades mentales y morales que identifican a los personajes. En otras palabras, la caracterización es el modo en que se presentan las peculiaridades que distinguen a los personajes como individuos.

Hay muchas consideraciones que los lectores podemos utilizar cuando pensamos en la caracterización. La más obvia es simplemente hablar sobre cómo es el personaje y hacer una lista de sus características. En muchos casos los personajes se transforman y se desarrollan al avanzar la obra, de modo que también es posible discutir sus cambios y qué los causa. Hoy en día muchos críticos se aproximan a la caracterización desde el punto de vista psicológico, haciendo un psicoanálisis de los personajes. Y claro que también es posible hablar de los medios y técnicas que los autores usan para lograr la caracterización.

Los escritores pueden escoger varias opciones para caracterizar a los personajes:

- **descripciones** hechas por narradores que nos cuentan detalles sobre los personajes

- las **acciones** del individuo también se pueden usar para caracterizarlo

- **diálogos** en que los personajes se caracterizan a sí mismos por medio de sus palabras y nosotros los conocemos más directamente

En general, el drama usa una combinación de acción y diálogo, mientras que la novela usa descripción o con mucha frecuencia una combinación de descripción, acción y diálogo.

Hay diferentes grados de caracterización y es raro que todos los personajes de una obra tengan la misma profundidad. Generalmente hay unos pocos personajes principales que son bastante completos y otros personajes secundarios que son más superficialmente caracterizados. A veces hay personajes que casi no tienen rasgos individuales porque representan estereotipos.

Luis de Góngora

Francisco de Quevedo

Sobre la obra

El libro *Don Quijote de la Mancha* de Miguel de Cervantes es una parodia de las novelas de caballerías, que describían las aventuras prodigiosas y los amoríos de los caballeros andantes (*knights errant*) de la edad media. Eran muy populares durante la primera parte de la edad de oro, y aunque algunas eran buenas, la mayoría eran sensacionalistas, superficiales y mal escritas. La base del libro de Cervantes es que Don Quijote, el personaje principal, había leído tantas novelas de caballerías que se enloqueció y decidió volverse caballero andante y salir en busca de aventuras gloriosas. Puesto que los caballeros andantes necesitaban tener un escudero (*squire*), don Quijote le pide a Sancho Panza, un labrador vecino, que se vaya con él para ayudarle. Sancho, que no sabe leer, no comprende quiénes son exactamente los caballeros andantes, pero acepta. El libro consiste en las aventuras que estos dos personajes tienen en su viaje.

Las palabras "el engaño a los ojos" ("the deceiving of the eyes") se usan a veces para describir uno de los temas que ocurre en muchas de las aventuras del libro. Como ya dijimos, es un tema central del renacimiento y del libro, que expresa las dificultades en llegar a la verdad, en distinguir la realidad de lo falso. Es un resultado de los nuevos descubrimientos científicos y geográficos, de los cambios sociales, y del resurgimiento de las filosofías antiguas que todos contribuían a destruir las creencias de la edad media y a traer la incertidumbre y la duda del renacimiento. El individuo se da cuenta de que no puede confiar en todo lo que dicen los demás sino que tiene que llegar a la verdad de su

propia cuenta. El punto de vista del individuo adquiere valor y tiene que ser considerado para eliminar la duda y llegar a la realidad, pero las diferencias entre los puntos de vista de todos causan problemas cuando cada persona insiste en interpretar el mundo de su propia manera.

En una de las aventuras que ilustran el tema del "engaño a los ojos", Don Quijote ve unos molinos de viento (*windmills*) y quiere atacarlos porque dice que son gigantes (*giants*). Sancho insiste en que son simplemente molinos de viento, pero don Quijote ignora sus advertencias y los ataca. Don Quijote cae de su caballo tan mal herido que no puede moverse, y Sancho tiene que ayudarle para que puedan continuar su viaje. Esta aventura ha sido pintada por muchísimos artistas famosos y es la más conocida de todo el libro. Hay una expresión en inglés, "tilting at windmills," que significa "pelear con adversarios imaginados" y que está basada en esta aventura.

El trozo que sigue viene del capítulo 29 de la segunda parte, publicada en 1615. Don Quijote y Sancho encuentran un pequeño barco que está a la orilla de un río. Don Quijote inmediatamente piensa que el barco fue puesto en ese lugar providencialmente para que él pueda tener una aventura en la que va a socorrer a alguna persona que necesita su ayuda, y le ordena a Sancho que se prepare para hacer un viaje por el río. Sancho insiste en que deben dejar el barco donde está pues no es de ellos, pero obedece a don Quijote y ambos se embarcan y se dejan llevar por la corriente del río.

El ingenioso hidalgo Don Quijote de la Mancha, Segunda Parte (trozo) (Miguel de Cervantes Saavedra)

En esto, descubrieron unas grandes aceñas que en la mitad del río estaban; y apenas las hubo visto don Quijote, cuando con voz alta dijo a Sancho:

—¿Ves? Allí ¡oh amigo!, se descubre la ciudad, castillo o fortaleza donde debe de estar algún caballero oprimido, o alguna reina, infanta o princesa malparada, para cuyo socorro soy aquí traído.

—¿Qué diablos de ciudad, fortaleza o castillo dice vuesa merced, señor?—dijo Sancho—¿No echa de ver que aquéllas son aceñas que están en el río, donde se muele el trigo?

—Calla, Sancho—dijo don Quijote—; que aunque parecen aceñas, no lo son; y ya te he dicho que todas las cosas trastuecan y mudan de su ser natural los encantos...

En esto, el barco, entrado en mitad de la corriente del río, comenzó a caminar no tan lentamente como hasta allí. Los molineros de las aceñas, que vieron venir aquel barco por el río, y que se iba a embocar por el raudal de las ruedas, salieron con presteza muchos dellos con varas largas, a detenerle; y como salían enharinados, y cubiertos los rostros y los vestidos del polvo de la harina, representaban una mala vista. Daban voces grandes, diciendo:

—¡Demonios de hombres! ¿Dónde vais? ¿Venís desesperados? ¿Qué queréis? ¿Ahogaros y haceros pedazos en estas ruedas?

—No te dije yo, Sancho—dijo a esta sazón don Quijote—que habíamos llegado a dó llega el valor de mi brazo?... Pues ¡ahora lo veréis bellacos!

Guía de lectura

aceñas *water mills*
apenas *as soon as*
castillo *castle*
fortaleza *fortress*
oprimido *persecuted*
infanta *princess*
malparada *in distress*
socorro *help*
¿qué diablos...? *what the devil...?*
vuesa merced *your worship (title of respect)*
¿no echa de ver...? *can't you see...?*
muele *grind (< moler)*
trigo *wheat*
trastuecan *transform (< trastocar)*
mudan *change (< mudar)*
encantos *spells/incantations*
molineros *millers*
embocar *to get channeled/sucked into*
raudal *torrent (the rapids)*
ruedas *wheels*
presteza *swiftness*
dellos *(esp. mod. = de ellos)*
varas *poles*
enharinados *covered with flour*
rostros *faces*
polvo *dust, powder*
harina *flour*
ahogaros *drown yourselves*
haceros pedazos *dash yourselves into pieces*
a esta sazón *at this point, at this moment*
dó = donde

valor *courage (here, "strength")*

bellacos *rogues*

amenazar *to threaten*

canalla *rabble, riff-raff*

malvada *foul*

peor aconsejada *ill conditioned*

de cualquiera suerte o calidad que sea *of whatever social level may be*

felice *(esp. mod. = feliz)*

esgrimirla *to flourish it (to shake it in the air)*

sandeces *rantings*

devotamente *devoutly*

manifiesto peligro *impending peril*

trastornar *to upset*

al través *over heels*

vínole bien a *it turned out well for*

ganso *goose*

peso *weight*

fondo *bottom*

se arrojaron *threw themselves*

en peso *bodily*

entrambos *both (=esp. mod. ambos)*

allí había sido Troya para los dos *they both would have been done for*

Y puesto en pie en el barco, con grandes voces comenzó a amenazar a los molineros diciéndoles:

—Canalla malvada y peor aconsejada, dejad en su libertad y libre albedrío a la persona que en esa vuestra fortaleza o prisión tenéis oprimida, alta o baja, de cualquiera suerte o calidad que sea; que yo soy don Quijote de la Mancha, llamado el Caballero de los Leones por otro nombre, a quien está reservada por orden de los altos cielos el dar fin felice a esta aventura.

Y diciendo esto, echó mano a su espada y comenzó a esgrimirla en el aire contra los molineros; los cuales, oyendo, y no entendiendo, aquellas sandeces, se pusieron con sus varas a detener el barco, que ya iba entrando en el raudal y canal de las ruedas.

Púsose Sancho de rodillas, pidiendo devotamente al cielo le librase de tan manifiesto peligro, como lo hizo, por la industria y presteza de los molineros, que oponiéndose con sus palos al barco, le detuvieron; pero no de manera que dejasen de trastornar el barco y dar con don Quijote y con Sancho al través en el agua; pero vínole bien a don Quijote, que sabía nadar como un ganso, aunque el peso de las armas le llevó al fondo dos veces; y si no fuera por los molineros, que se arrojaron al agua, y los sacaron como en peso a entrambos, allí había sido Troya para los dos."

. . . .

Comentario y discusión

Con dos o tres compañeros de su clase discutan estas preguntas.

1. Hagan una lista de las características de los personajes de don Quijote y Sancho Panza que se pueden ver en el trozo. ¿Hay algunas cosas que son completamente opuestas? ¿Hay algo que estos dos personajes tienen en común?

2. ¿Cuáles de las características se presentaron por medio del diálogo entre los dos personajes? ¿Cuáles pudieron ustedes deducir por medio de las acciones? ¿Cuáles supieron por medio de lo que el narrador nos dice sobre los personajes?

3. Además de identificar características de don Quijote y Sancho en este trozo, también podemos saber algo sobre los molineros. ¿Qué pueden ustedes decir sobre ellos?

4. Un rasgo muy frecuentemente discutido por los críticos sobre Don Quijote es que el narrador establece una conversación muy personal con los lectores. Parte del éxito del libro se atribuye a que muchos lectores sienten que el narrador les está contando los detalles con una confianza especial, que hay una relación personal entre narrador y lector. Identifiquen oraciones en que este elemento personal se pueda notar.

SELECCIÓN 2: *La industria vence desdenes* (trozo) (Mariana de Caravajal y Saavedra)

El siguiente trozo fue escrito por Mariana de Caravajal y Saavedra (c. 1610–c. 1664), una escritora de la última parte del renacimiento. Nació en Jaén, pero vivió principalmente en Madrid y en Granada. El trozo viene del principio de una novela corta titulada *La industria vence desdenes* (*Diligence Conquers Contempt*), que es parte de un libro llamado *Navidades de Madrid y noches entretenidas, en ocho novelas* que se publicó en 1663, casi sesenta años después de la primera parte de Don Quijote.

Ya hacia fines de la Edad de Oro se puede ver a veces con alguna claridad la participación de la mujer en la literatura para contribuir a la presentación de una visión de la cultura de España que incluye un punto de vista femenino.

Es importante notar que de vez en cuando el nombre de la escritora se encuentra escrito como "Carvajal" en lugar de "Caravajal".

. . . .

La industria vence desdenes (trozo)
(Mariana de Caravajal y Saavedra)

En la ciudad de Ubeda vivía un caballero llamado don Fernando de Medrano. Gozaba un corto mayorazgo que llaman vínculo. Casóse con una dama igual a su calidad, tan hermosa que la sirvió de dote su belleza. A poco tiempo de casados, se reconoció preñada. Y llegado el tiempo, parió dos criaturas, varón y hembra. Al niño le pusieron Pedro, por su abuelo de parte de padre; y a la niña Jacinta. Criáronse esta dos criaturas creciendo en ellos el amor al paso de la edad.

Y llegóse el tiempo de aprender las urbanidades que deben saber las personas principales. Les dieron maestros suficientes, y pareciéndole a don Fernando que no tenía dote igual a su calidad para casar a su hija, le enseñó todo el arte de la música, para que a título de corista gozara en un convento las conveniencias acostumbradas.

Don Pedro, con el uso de la razón, dio a entender a sus padres [que] se inclinaba a ser de la Iglesia. Y pasados los primeros estudios, le envió don Fernando a Salamanca a pasar los cursos y estudiar la Teología, para que por las letras se opusiera a las cátedras y ocupara los púlpitos.

. . . .

GUÍA DE LECTURA

Ubeda ciudad de la provincia de Jaén, sur de España

gozaba *was the owner of*

mayorazgo *a estate inherited by the eldest son*

vínculo *entail (a type of inherited estate)*

dote *dowry*

reconoció *found herself*

preñada *pregnant*

parió *gave birth* (< parir)

varón *male*

hembra *female*

criáronse *grew up* (= mod. **se criaron**)

urbanidades *social graces*

corista *chorister (singer)*

conveniencias *comforts*

acostumbradas *usual*

se inclinaba a ser de la iglesia *was leaning to the church as a profession*

Salamanca ciudad al noroeste de Madrid, con una universidad importante fundada en 1200

para que … púlpitos *so that through his study of letters he could hold professorships and preach from pulpits*

Comentario y discusión

Con dos o tres compañeros de su clase discutan estas preguntas.

1. Busquen los detalles en este trozo que ilustran las diferencias en la manera de ver a las mujeres y a los hombres en la sociedad que la autora describe.

2. ¿Por qué creen que la autora hizo que don Fernando tuviera hijos de sexos diferentes?

EN RESUMEN

Escriba un ensayo sobre los efectos de la creación en España durante el siglo de oro de un imperio colonial enorme, poderoso y rico. ¿Que resultados tuvo en la renovación de las artes y la literatura?

Molinos de Campo de Criptana, Ciudad Real

EL SIGLO XX

AGENDA: TEMAS IMPORTANTES

1. ¿Qué ideologías políticas impactaron los cambios políticos en España a principios del siglo XX?

2. ¿Qué condiciones históricas produjeron la guerra civil española?

3. ¿Son compatibles la democracia y una religión oficial?

ORIENTACIÓN CRONOLÓGICA

1873   Declaración de la Primera República en España

1898   España sufre una derrota en la guerra con los EE.UU.; pierde sus últimas colonias: Cuba, Puerto Rico, Islas Filipinas.

1902   Alfonso XIII llega al trono a la edad de 16 años

1907   Con su pintura *Les Demoiselles d'Avignon"* Pablo Picasso inicia un nuevo estilo de arte: el cubismo

1909   Primer estudio de cine en España: Hispano Films.

1914   El arquitecto catalán, Antonio Gaudí, termina el Parque Güell en Barcelona; estableció su fama con otros renombrados edificios

1914-1918   Estalla la primera Guerra Mundial; España permanece neutral

1917   Huelga general en el país; el principio de la lucha obrera (socialistas, anarquistas, comunistas)

1922   Primer Concurso de Cante Jondo en Granada; se establece el prestigio del flamenco y la música gitana.

1923   El General Primo de Rivera lanza un golpe militar contra la República. Se establece como dictador.

1930-1931   Rebelión contra Primo de Rivera; elecciones populares; Alfonso XIII sale para París; restauración de la Segunda República

1934   Rebeliones obreras en Cataluña y Asturias

1936   El Frente Popular, coalición de partidos de izquierdas, gana las elecciones; las tropas españolas en Marruecos se alzan contra la República, empezando la guerra civil

INTRODUCCIÓN

A principios del siglo XX, España se encontró después de la guerra contra los EE.UU. desprovisto de sus últimas colonias, sin vestigios de su antiguo imperio: Cuba, Puerto Rico y las Filipinas. Tuvo que examinarse interiormente, sin contar con ingresos o soluciones exteriores. España empieza en serio a industrializarse, un proceso tardío que se ve principalmente en las regiones del norte: el País Vasco, Asturias y Cataluña. El sur, Andalucía, sigue siendo una zona pobre agrícola, basada en un sistema feudal con enormes estancias. Y de estos desniveles surgieron las divisiones que determinaron la política—y los fracasos—del país: demandas de autonomía, sobre todo de los vascos y los catalanes, y conflicto de clase con aparición de una clase obrera con sindicatos de diferentes ideologías. Los liberales, comunistas y anarquistas generalmente se aliaban en contra de la Iglesia, enormemente poderosa y asociada con los más ricos y conservadores del país, y claro está, la monarquía de Alfonso XIII, quien tenía poco que ofrecer a la solución de los problemas del país. A pesar de la turbulencia política, la época experimentó años de una enorme riqueza artística: de artes plásticas (Dalí, Picasso), de literatura (Lorca y los hermanos Machado), de una forma artística innovadora, el cine (Buñuel) con su enorme impacto popular y de arquitectura (Gaudí, cuya obra es el orgullo de Barcelona).

De este cocido hirviente algunos españoles creían oír una palabra de salvación: república. ¿Qué es?: "Una forma de gobierno en el que el poder reside en el pueblo, en que un presidente es elegido por el pueblo o sus representantes." Y ¿cuáles son las alternativas? Si el poder no reside en el pueblo, un gobierno puede tomar una de las siguientes formas:
(1) una teocracia, en que una religión domina el país y todos sus recursos;
(2) una monarquía, en que los reyes heredan el poder de padre a hijo; puede ser absoluta, en que el rey ejerce todos los poderes del gobierno, o constitucional, gobierno que conserva una monarquía débil y simbólica, una reliquia de los tiempos feudales;
(3) una dictadura ideológica, con un jefe político al timón del país;
(4) una dictadura militar, en que el ejército implanta su jerarquía y un general (generalísimo) como caudillo; o
(5) una oligarquía, el gobierno de un grupo pequeño de élites que protegen y favorecen sus intereses, normalmente económicos.

Después de la primera guerra mundial (1914-1918), el mundo experimentó con varias formas de gobierno: el nazismo alemán, el fascismo italiano, el comunismo ruso. En el último caso, según las teorías marxistas-leninistas, la dictadura era del proletariado, de la clase obrera, pero la realidad fue diferente—fue el partido comunista que se hizo dominante.

Pero también se dieron movimientos democráticos, como la república que se estableció en España en 1931. El anti-clericalismo y las políticas socialistas de este gobierno causaron una fuerte oposición de los elementos más conservadores de la sociedad española. En 1936 el General Francisco Franco llevó a cabo una rebelión del ejército. Este conflicto civil opuso hermano a hermano y destruyó el país. La derrota final de la república sofocó

EL ESPEJO ENTERRADO

PREPARACIÓN DEL TEMA

A. Identificación. ¿Quiénes son estos personajes o acontecimientos? ¿Que importancia tienen para la historia de España? Busque más información en la biblioteca o en Internet y preséntesela a la clase.

- la Sagrada Familia (Barcelona)
- la monarquía
- Alfonso XIII
- la Primera Guerra Mundial
- la Segunda República española
- el fascismo

B. Artistas importantes. ¿Quiénes son estos artistas españoles de principios del siglo XX? ¿En qué géneros artísticos trabajaron? ¿Cuáles son sus obras más importantes?

- Antoni Gaudí
- Salvador Dalí
- Luis Buñuel
- Federico García Lorca

GUIÓN - *El espejo enterrado*

La Sagrada Familia: Símbolo de la "obra inacabada"

Las torres de La Sagrada Familia dominan el Puerto de Barcelona. Como tantas cosas en España, esta obra de Antonio Gaudí apunta al cielo pero también a la tierra. Las aspiraciones celestiales deben tener raíces terrenales. La Sagrada Familia ha estado en construcción durante más de un siglo. Una obra inacabada, como el paisaje de Cataluña: la montaña, el mar. Un edificio inacabado, un proyecto, una promesa—como España, como Hispanoamérica.

La obra inacabada de Gaudí, La Sagrada Familia, nos permite no sólo preguntarnos, ¿quiénes somos? sino ¿qué estamos siendo? ¿Hacia dónde vamos? No sólo en España sino en Hispanoamérica y en las comunidades hispánicas de los EE.UU.: las tres grandes áreas hispanoparlantes del siglo XX.

El sol se puso en 1898 cuando Cuba y Puerto Rico pasaron al dominio del joven imperio emergente, los Estados Unidos de América. España reaccionó con un profundo cuestionamiento de sí misma.

La República: La experimentación

Después de la Primera Guerra Mundial el mundo también se cuestionó y buscó respuestas en la experimentación artística. En España, una brillante constelación de jóvenes creadores proyectaron las tradiciones hispánicas contra la pantalla del siglo XX y descubrieron que el mundo, como España, estaba deformado—como un reloj derritiéndose en los paisajes lunares de Salvador Dalí.

O un mundo escandaloso, tan escandaloso como las películas de Luis Buñuel en las que la juventud europea tiene que arrastrar el peso insoportable de las convenciones más represivas.

Pero un mundo también de belleza sensual, como la poesía de Federico García Lorca:

> Quiero dormir un rato,
> un rato, un minuto, un siglo;
> pero que todos sepan que no he muerto…
> que soy la sombra inmensa de mis lágrimas.

Profeta de su propia muerte, García Lorca también previó la agonía de España. El poeta sería una de las primeras víctimas del fascismo español. Una débil monarquía fue seguida en 1931 por una débil república. El impulso transformador vino de capitales regionales como Barcelona, iniciadora y receptáculo también de las reformas republicanas.

Y además trajo una legislación moderna a España, separando la Iglesia del Estado, permitiendo las leyes del divorcio y dando la educación laica. La República galvanizó al país pero también cometió una serie de excesos anticlericales. Era sólo una cuestión de tiempo antes de que las fuerzas conservadoras, reaccionarias del país, se enfrentasen al débil gobierno reformista.

La Sagrada Familia, Barcelona

DESPUÉS DE VER

A. ¿Entendió? Conteste las siguientes preguntas según el guión del video.

1. ¿Qué comparación establece Fuentes entre la iglesia de la Sagrada Familia y España?

2. ¿Por qué se considera 1898 un año clave en la historia de España?

3. ¿Cómo respondieron los jóvenes artistas españoles a los horrores de la Primera Guerra Mundial?

4. ¿A qué se refiere Fuentes con la frase "el fascismo español?

5. ¿Qué avances políticos y sociales trajo la Segunda República a España?

B. Temas para discutir. Trabaje con un grupo de compañeros de clase para discutir los siguientes temas.

1. ¿Qué significa la frase "excesos anti-clericales"? ¿Por qué sería una causa de conflicto entre conservadores y liberales en la época de la República?

2. ¿Qué significa cuando se le caracteriza a un gobierno como "débil"?

3. ¿Qué le pasó a García Lorca en Granada? ¿Por qué los fascistas (nacionalistas) considerarían a los artistas como enemigos?

Iglesia, Vivar del Cid (Salamanca)

NOTAS DE LENGUA

El español en el mundo

El español (o castellano) tiene sus orígenes en el latín hablado en la zona norte-central de la península ibérica, pero ya en el siglo XXI es una de las lenguas más importantes del mundo. Esta importancia es el resultado de la colonización y el imperialismo de España, pero a pesar de esta historia negativa la lengua ha llegado a ser un vehículo de comunicación y entendimiento universal.

El español es hablado por unos 332 millones de personas en el mundo, la mayoría en España y en las antiguas colonias (América Latina, Filipinas, etc.). Es el tercer idioma del mundo, detrás del chino (mandarino, con 885 millones de hablantes) y el inglés, que tiene unos 322 millones de nativohablantes y muchísimo más hablantes como segunda lengua.

El español es una lengua oficial en 20 países: Argentina, Bolivia (cooficial con el aymará), Chile, Colombia, Costa Rica, Cuba, la República Dominicana, Ecuador, El Salvador, la Guinea Ecuatorial (cooficial con el francés), Guatemala, Honduras, México, Nicaragua, Panamá, Paraguay, (cooficial con el guaraní), Perú (cooficial con el quechua, el aymará y otros idiomas indígenas), España (cooficial con el catalán/valenciano, gallego y vasco/euskara), Uruguay y Venezuela. También es una de las lenguas oficiales de las Naciones Unidas, la Unión Africana y la Unión Europea.

México es el país con más hispanohablantes, y Estados Unidos es el quinto, con unos 30 millones de personas que lo hablan como primer idioma.

El español, como todos los idiomas, tiende a fragmentarse en dialectos con el tiempo. Pero como idioma mundial, también existen fuerzas que lo mantienen unido como sistema de comunicación. En el siglo XXI los medios de comunicación (radio y televisión internacionales, Internet, telefonía avanzada, etc.) y la facilidad de viajar han "reducido" las distancias, y la separación geográfica ya no es tan importante como fuerza de fragmentación lingüística como lo fue en el pasado. Los hablantes de los diferentes dialectos regionales tienden a aferrarse a (cling to) su manera de hablar como seña de identidad (badge of identity), para mantener su identidad local o regional frente al español "internacional". Pero cada vez más los castellano-parlantes se dan cuenta de que juntos forman una gran comunidad lingüística con una herencia cultural común que merece ser preservada.

1. Las cifras de los hablantes de las diferentes lenguas vienen de 1999-2000. Busque en Internet o en su biblioteca las cifras actuales.

2. Busque información sobre las academias nacionales de la lengua española, empezando en http://www.rae.es. ¿Qué son? ¿En qué países existen? ¿Cuál es su misión principal? ¿Qué actividades hacen? ¿Existe una institución cultural parecida en el mundo anglófono?

GRAMÁTICA EN BREVE

The subjunctive is used mainly in dependent (subordinate) clauses. The primary verb or impersonal expression in the main clause triggers the need to use a subjunctive verb in the subordinate clause. The verbs or expressions in the main clause indicate an unrealized, hypothetical or doubtful act or condition. In the following sections are categories of verbs which normally require the subjunctive in the subordinate clauses.

A. The subjunctive after verbs of persuasion

Verbs of persuasion or influence are those that express a desire, will or command. This element—a wish, not a reality—triggers the use of the subjunctive.

Los reyes **desearon** que el catolicismo **fuera** la religión oficial del estado español.	*The kings wanted Catholicism to be the official religion of the Spanish State.*

In the above example the subjects of the two verbs are different. The subject of the primary verb **desear** is **los reyes** and the subject of the dependent-clause verb **fuera** is **el catolicismo**. The connector **que** indicates the beginning of the dependent clause. In cases when the subject of both verbs is the same, the subjunctive is not required and the infinitive is substituted:

Los reyes **desearon declarar** el catolicismo la religión oficial.	*The kings wished to declare Catholicism the official religion.*

In this case the subject of both the primary verb **desearon** and the secondary verb **declarar** is **los reyes**. Note that there is no connector like **que** because there is no dependent clause.

Some verbs can imply persuasion in some cases but not in others. Note this difference in the following examples of the verb **decir**:

Nos **dijeron** que **llegáramos** temprano. (**llegáramos** = imperfect subjunctive)	*They told us to arrive early.* (command)
Nos **dijeron** que **llegamos** temprano. (**llegamos** = preterit indicative)	*They told us that we arrived early.* (reporting a fact)

Here are some common verbs of persuasion which require the subjunctive in the subordinate clause when there is a change of subject:

aconsejar (to advise, recommend)	desear (to wish)	insistir en (to insist)
pedir (to ask)	preferir (to prefer)	querer (to want)

The six additional verbs of persuasion listed below also cause the use of the subjunctive verb in the subordinate clause, but these verbs also allow an alternative construction with the infinitive, even when there is a change of subject in the dependent clause. When the infinitive is used following these verbs, an indirect object pronoun is placed in front of the first verb to signal the subject of the infinitive.

dejar (*to let, allow*)	hacer (*to make*)	impedir (*to prevent, impede*)
mandar (*to order, command*)	permitir (*to permit, allow*)	prohibir (*to forbid, prohibit*)

In the examples below, the main clause and the dependent clause have different subjects; in the first sentence the verb **mandar** causes the use of the subjunctive, and the second example is the alternative expression with the infinitive. The meaning of both sentences is identical; the same English translation applies to both.

La ley **mandó** que **expulsaran** a los moros. La ley **les mandó expulsar** a los moros.	*The law ordered them to expel the Moors.*

Monasterio de Santa Ana, Tordesillas (Castilla-León)

B. The subjunctive after verbs of emotion

Verbs which express an emotional response or reaction result in the use of the subjunctive in the dependent clause verb.

Nos alegrábamos de que tantas procesiones **ocurrieran** durante las horas de la tarde.	*We were happy that so many of the processions took place in the afternoon hours.*

As with the verbs of persuasion, when the subject of both verbs is the same, the subjunctive is not required and the infinitive is used instead:

Nos alegramos de **ver** tantas procesiones durante las horas de la tarde.	*We were happy to see so many processions during the afternoon hours.*

Here are some common verbs of emotion that require the subjunctive in the subordinate clause when there is a change of subject:

alegrarse (*to be glad/happy*)	esperar (*to hope*)
enfadarse (*to be angry*)	preocuparse (*to worry*)
sentir (*to regret*)	temer (*to fear*)
tener miedo (*to be afraid*)	

C. The subjunctive after verbs or expressions of doubt or negation

Verbs or expressions implying doubt or negation require the use of the subjunctive in the subordinate clause. A few examples:

Dudan que esta saeta **fuera** escrita antes del siglo XX.	*They doubt that this saeta was written before the 20th Century.*
Niega que este famoso poema se **conociera** antes de 1626.	*She denies that this famous poem was written before 1626.*
No creo que Miguel de Guevara lo **escribiera**.	*I don't believe that Miguel de Guevara wrote it.*

When verbs of doubt are negated, they become affirmative and use the indicative, although native speakers of Spanish differ in their application of this rule.

No dudan que esta saeta **fue** escrita durante el siglo 20.	*They don't doubt that this saeta was written during the 20th century.*

Here are some common verbs and expressions of doubt and negation:

dudar (*to doubt*)	negar (*to deny*)
no creer (*not to believe*)	ser dudoso (*to be doubtful*)
tener dudas de (*to have doubts*)	

LITERATURA

Contexto histórico

Los cambios industriales y sociales, las complicaciones políticas, las guerras, y los movimientos artísticos que afectaron a España durante la última parte del siglo XIX y la primera del siglo XX, resultaron en un país dividido. Habiendo perdido sus últimas colonias, estaba preocupado por la inestabilidad de todos los aspectos de su existencia, desde los económicos hasta los más espirituales. Era natural que estas preocupaciones de los españoles se reflejaran en la literatura del país.

Como en otras partes de Europa, hay varios movimientos literarios en España durante ese período, pero hay dos en particular que merecen mención especial por la importancia internacional que todavía tienen hoy día: la generación del '98 y la generación del '27. Unas palabras sobre estos grupos de escritores sirven para darnos una idea general de sus motivaciones y características:

La generación del '98 consiste en un grupo de escritores (entre ellos Miguel de Unamuno, Antonio Machado, Ramiro de Maeztu, y José Martínez Ruiz—éste último conocido por el pseudónimo de Azorín) que aunque muy diferentes en sus modos de escribir, todos tienen en común un gran amor y dolor por España. Sentían la crisis del país y querían que sus obras contribuyeran a encontrar una nueva identidad nacional que pudiera darle a España bienestar y ayudarle a estar orgullosa de nuevo. El nombre "generación del '98" denota el año en que España perdió sus últimas colonias. Usando un lenguaje sincero y directo, presentan en sus obras a la gente, la historia y el paisaje de la vieja España con el objeto de hacer revivir el alma española.

Los escritores de la generación del '27 son principalmente poetas (entre ellos Federico García Lorca, Rafael Alberti, Vicente Aleixandre, Dámaso Alonso, Gerardo Diego y Jorge Guillén) que se hicieron prominentes entre 1920 y 1930. Cada uno de ellos tiene características muy individuales, pero en general fueron influenciados por los movimientos de vanguardia, como el surrealismo, que habían surgido alrededor de la primera guerra mundial (1914-1918). Los vanguardistas buscaban innovación artística a toda costa, tendían a alejarse de la realidad, y con frecuencia usaban técnicas inspiradas por el nuevo medio, el cine. Los escritores de la generación del '27 también basaban su arte en la innovación y experimentación, tomando libertades y usando imágenes muy originales y a veces aparentemente irracionales. Pero al contrario de los vanguardistas, sus obras comunican mucha más emoción. No rompen completamente con la tradición literaria de España sino que con frecuencia la abrazan, utilizando formas usadas antes por otros poetas. De hecho, se llaman "la generación del '27" en honor del aniversario de la muerte en 1627 de Luis de Góngora, uno de varios poetas que ellos admiraban por su originalidad.

Otro poeta considerado como una influencia fundamental por los escritores de la generación del '27 fue Juan Ramón Jiménez (1881-1958), que requiere un párrafo aparte pues no es posible clasificarlo dentro de ninguna escuela o movimiento literario. Pasó por varias etapas muy diferentes en su escritura, y sus obras fueron respetadas y admiradas por varios movimientos, incluso los de vanguardia. Jiménez siempre buscaba nuevas maneras de expresión y para lograrlas utilizó no sólo sus propias innovaciones sino también influencias de escritores españoles de otros tiempos, de la poesía tradicional del país y de escritores de otros países.

SELECCIÓN 1 : *Platero y yo* (Juan Ramón Jiménez)

Sobre el autor

Juan Ramón Jiménez (1881-1958) nació en Moguer, un pequeño pueblo de Andalucía en el sur de España. Durante la Guerra Civil Española (1936-1939), se fue de España como muchos otros escritores, y murió en Puerto Rico, donde era profesor universitario. Ganó el Premio Nóbel de literatura en 1956. Es famoso por su poesía que como ya se dijo fue admirada e imitada por muchos, pero su libro más conocido en todo el mundo es *Platero y yo* que fue publicado por primera vez en 1914 y luego en una edición con más capítulos en 1917. Hay muy pocos españoles que no han leído *Platero y yo*. También ha sido leído por millones de personas en Latinoamérica y hay traducciones en muchas lenguas. En una nota escrita por el autor en la edición de 1914, indica que el libro fue escrito para niños, pero la verdad es que se puede leer en varios niveles de dificultad. Aunque el libro fue escrito en prosa, el lenguaje es muy poético. Platero es el burro de Juan Ramón Jiménez, y se llama Platero porque es de color de plata. Ésta es la descripción de Platero al principio del libro:

> "Platero es pequeño, peludo, suave; tan blando por fuera, que se diría todo de algodón, que no lleva huesos. Sólo los espejos de azabache de sus ojos son duros cual dos escarabajos de cristal negro.
>
> Lo dejo suelto, y se va al prado, y acaricia tibiamente con su hocico, rozándolas apenas, las florecillas rosas, celestes, y gualdas... Lo llamo dulcemente "¿Platero?", y viene a mí con un trotecillo alegre que parece que se ríe, en no sé qué cascabeleo ideal..."

CLAVE LITERARIA
Tres tropos: El símil, la metáfora y la alegoría

La palabra **tropo** se refiere a un uso de lenguaje en el que se cambia el significado habitual de las palabras. Los tropos están incluidos dentro de las **figuras retóricas** (*figures of speech*), que son maneras de hablar para darle vida a la expresión y para estimular la imaginación de los oyentes o lectores. Las figuras retóricas se usan constantemente en la vida diaria y son la base del lenguaje coloquial (*slang*) en muchas lenguas.

El símil
El símil es una comparación de dos cosas de naturalezas diferentes. Normalmente el símil usa la palabra **como** (*as, like*) para expresar la comparación. La frase "sus ojos son como estrellas" es un símil.

La metáfora
En el símil, ambos elementos de la comparación están presentes, pero en la metáfora uno de ellos ha sido eliminado y es completamente reemplazado por el otro. Es el uso de una palabra o frase con un sentido diferente del que tiene normalmente, con el propósito de sugerir que hay una comparación.

Para comprender la metáfora es necesario hacer la conexión entre los elementos de la comparación. En la oración "ella estaba en la mañana de su vida," la frase "la mañana de su vida" es una metáfora para "su juventud".

Sobre la obra

El libro consiste en 138 capítulos cortos que describen los paseos de Juan Ramón Jiménez con Platero por el pueblo, el campo de Andalucía y la vida en general de la región. Hay aventuras, descripciones, comentarios—un poco de todo. Al leer el libro, los lectores adquieren una visión muy completa de esta parte de España, que es sin duda una de las más interesantes del país por muchas razones, entre ellas la fuerte influencia que los moros dejaron.

. . . .

Platero y yo (Juan Ramón Jiménez)

La noche cae, brumosa ya y morada. Vagas claridades malvas y verdes perduran tras la torre de la iglesia. El camino sube, lleno de sombras, de campanillas, de fragancia de yerba, de canciones, de cansancio y de anhelo. De pronto, un hombre oscuro, con una gorra y un pincho, roja un instante la cara fea por la luz del cigarro, baja a nosotros de una casucha miserable, perdida entre las sacas de carbón. Platero se amedrenta.

—¿Ba argo?

—Vea usted... Mariposas blancas...

El hombre quiere clavar su pincho de hierro en el seroncillo, y no lo evito. Abro la alforja y él no ve nada. Y el alimento ideal pasa, libre y cándido, sin pagar su tributo a los Consumos...

. . . .

Cuando una metáfora se ha usado tanto que ya no es necesario pensar en ella, se le llama "una metáfora muerta". Un ejemplo es "las patas de la mesa" que originalmente eran una metáfora pues solamente los animales tienen "patas", pero ahora ya no es necesario hacer la conexión mental puesto que las palabras se han usado tanto con este significado, que se comprenden directamente. En inglés "the legs of a table" también es una metáfora muerta.

La alegoría

La alegoría es una narración que tiene un significado literal y otro significado oculto. Es decir, la narración procede en dos niveles al mismo tiempo. Es común definir la alegoría como una "metáfora prolongada" y puede consistir en unas pocas oraciones o puede ser muy larga. A veces hay libros, novelas o dramas completos que son alegorías. Muchas alegorías tienen como propósito enseñar una lección moral o religiosa, o a veces criticar algo social o político. También pueden usarse simplemente para crear interés.

Un ejemplo de una alegoría sería una película o un drama en que hay una pelea entre dos personajes que representan dos países que tienen una guerra. El sentido literal en este caso es la pelea que vemos entre los dos individuos. El sentido oculto es la guerra entre los países que los personajes representan. Probablemente habría claves para que los lectores comprendieran el significado oculto, como por ejemplo, las maneras de vestirse o de hablar de los personajes serían típicas de los respectivos países.

peludo *hairy*

huesos *bones*

cual *like, as*

azabache *jet black*

escarabajos *beetles*

lo dejo suelto *I let him run loose*

acaricia tibiamente *caresses warmly*

rozándolas apenas *barely brushing them*

hocico *muzzle, snout*

celestes *sky blue*

gualdas *yellow*

trotecillo alegre *a spirited light trot*

cascabeleo *jingling*

brumosa *misty*

vagas *hazy*

claridades *lights*

malvas *mauve (pale purple)*

perduran *remain, last*

campanillas *bellflowers*

anhelo *anxious yearning*

pincho *pointed metal hook*

casucha *hovel, miserable dwelling*

sacas de carbón *sacks of coal*

se amedrenta *becomes frightened*

¿Ba argo? *Is there anything in there? (pronunciación coloquial andaluz de ¿Va algo?)*

clavar *to plunge*

hierro *iron*

seroncillo *cargo basket*

no lo evito *I don't prevent it (I can't stop him)*

alforja *saddlebag*

cándido *innocent, naïve*

tributo *tax*

consumos *specific type of tax on certain goods*

Comentario y discusión

Para comprender este capítulo es esencial saber que además del sentido literal, hay una metáfora importante y una alegoría. Las "mariposas blancas" ocurren en varios capítulos del libro y siempre son una metáfora que para Juan Ramón Jiménez significa "inocencia" y "bienes espirituales". La metáfora revela que también es posible ver una alegoría en este capítulo: en el sentido literal, el autor y Platero van por el camino y llegan a un lugar donde encuentran un hombre que inspecciona la carga de animales para cobrar tributos, pero en el sentido alegórico, es posible ver un conflicto entre las fuerzas del bien y del mal. El hombre tiene varias características que lo identifican como el diablo (tiene la cara roja e iluminada por el fuego, tiene un pincho de hierro que sugiere el tridente del demonio), y la inocencia de Platero representa el bien. Al fin, el hombre no puede ver las mariposas blancas porque las fuerzas del mal no tienen la capacidad para comprender la espiritualidad y la inocencia que son "el alimento ideal". El bien triunfa y pasa libremente para continuar su camino. Tiene el poder para evitar el mal.

Con algunos compañeros de su clase, discuta estos temas y preguntas.

1. Además de la metáfora y de la alegoría, es importante notar que el hombre que cobra tributos es un representante del gobierno. ¿Hay aquí crítica del gobierno? ¿Hay algunas referencias e imágenes que sugieren que el gobierno funciona dentro de un país desordenado y en decadencia?

2. Como se mencionó antes, los movimientos de vanguardia que surgieron en los años 1914 a 1918 buscaban nuevas maneras de expresión, se inspiraban en el nuevo medio del cine, y respetaban y admiraban a Juan Ramón Jiménez. ¿Qué elementos cinematográficos se pueden ver en este capítulo?

SELECCIÓN 2 : *Canción del jinete* (Federico García Lorca)

Sobre el autor

No hay duda de que Federico García Lorca (1898-1936) es el más conocido internacionalmente de todos los poetas españoles del siglo XX. Nació en el pequeño pueblo de Fuentevaqueros en la provincia de Granada. Estudió en la ciudad de Granada y en Madrid donde conoció a muchos poetas y artistas importantes. Además de poesía también escribió obras de teatro que son de igual importancia. Escribió varios libros de poesía que presentaban las tradiciones de los gitanos y de la gente de Andalucía. En 1929 viajó a los Estados Unidos y escribió un libro titulado *Poeta en Nueva York*, que es muy diferente de los anteriores, y que algunos críticos han clasificado como surrealista, pues contiene imágenes que son muy difíciles de interpretar. Estaba en Madrid cuando la guerra civil española comenzó,y decidió irse para Granada. En el pequeño pueblo de Viznar, cerca de la ciudad de Granada, fue fusilado de noche por unos soldados nacionalistas (de Franco) en 1936.

Sobre la obra

Entre las características de la poesía de Lorca, la más fundamental es la importancia de la metáfora y la aparente irracionalidad de las imágenes. El mismo Lorca nunca aceptó que fuera surrealista, pero es evidente que su poesía fue afectada por los movimientos de vanguardia y que contiene elementos del mundo de los sueños, e imágenes que son en apariencia ilógicas y que permiten múltiples interpretaciones. Claro que en algunas obras (como en *Poeta en Nueva York*) esta irrealidad está mucho más presente.

El poema a continuación es uno de los más conocidos y viene del libro *Canciones* que contiene poemas escritos entre 1921 y 1924.

. . . .

Canción del jinete
(Federico García Lorca)

Córdoba.
Lejana y sola.

Jaca negra, luna grande,
y aceitunas en mi alforja.
Aunque sepa los caminos
yo nunca llegaré a Córdoba.

Por el llano, por el viento,
jaca negra, luna roja.
La muerte me está mirando
desde las torres de Córdoba.

¡Ay qué camino tan largo!
¡Ay mi jaca valerosa!
¡Ay que la muerte me espera
antes de llegar a Córdoba!

Córdoba.
Lejana y sola.

. . . .

GUÍA DE LECTURA

Córdoba ciudad de Andalucía
lejana *far away/distant*

jaca *a small horse*
aceitunas *olives*
alforja *saddle bag*
sepa *know*

llano *plain/flat land*

torres *towers*

valerosa *brave/courageous*

Comentario y discusión

Con algunos compañeros de la clase, discuta estos temas y preguntas.

1. La ciudad de Córdoba fue una colonia romana y fue la capital de los moros después del año 716. En la literatura y la música de España la mención de Córdoba siempre ha evocado misterio. Una de las características de este poema es precisamente el tono de misterio que se comunica a los lectores. Encuentren otros elementos que contribuyen a la creación de misterio en este poema.

2. La muerte está casi siempre presente en las obras de Lorca. ¿Qué se puede decir sobre la muerte en este poema? ¿En qué verso se encuentra por primera vez la sugerencia de la presencia de la muerte?

3. ¿Cómo se expresa el paso del tiempo en este poema? ¿En qué versos se habla directamente del transcurso del tiempo? ¿Qué indicaciones indirectas hay de que el tiempo ha pasado?

4. El verso número cuatro ("y aceitunas en mi alforja") es uno de los más difíciles de interpretar en este poema y es un buen ejemplo de una imagen que permite múltiples interpretaciones. Inventen algunas posibilidades de interpretación.

5. Muchos lectores piensan que uno de los propósitos principales del poema es presentar el concepto de un ideal inalcanzable, algo misterioso que todos queremos pero que no es posible alcanzar. ¿Están de acuerdo con esta afirmación? Justifiquen su respuesta.

EN RESUMEN

Al principio del siglo 20, varias ideologías estaban en boga en el mundo.

¿Cuáles eran y qué influencias tuvieron dentro de España?

FRANCO Y LA GUERRA CIVIL

AGENDA: TEMAS IMPORTANTES

1. ¿Qué provocó la Guerra Civil española?

2. ¿Qué impacto tuvo la guerra en España? ¿Cómo y cuándo volvió España a integrarse en Europa?

ORIENTACIÓN CRONOLÓGICA

1936   Frente Popular (unión de los partidos de la izquierda) triunfa en las elecciones

              Empieza la Guerra Civil con insurrección contra el gobierno de la república; El ejército español en Marruecos inicia la guerra cruzando el estrecho con aviones de Italia.

              El General Francisco Franco es nombrado caudillo de la zona nacionalista (fascista).

              Los EE.UU., Francia e Inglaterra proclaman una política de la no-intervención impidiendo ayuda a la república. EE.UU. manda petróleo de Texas a Franco bajo un arreglo de crédito abierto.

              La Unión Soviética interviene con armas y ayuda.

              Llegan de muchos países las Brigadas Internacionales para ayudar a los republicanos.

              Luis Buñuel produce películas para los republicanos

1937   El pueblo vasco de Guernica bombardeado por aviones alemanes; primer ataque aéreo contra una ciudad en la historia

              Pablo Picasso, enfurecido, pinta en París su famoso mural *Guernica*, colocado en el Pabellón Español de la Feria Mundial

1939   Fin de la Guerra Civil; comienza el régimen de Franco

1941   En cine, doblaje obligatorio de todas las películas extranjeras aprobadas para distribución en España

              Creación de la voz oficial del gobierno franquista en películas: el Noticiario Cinematográfico Español (llamado NO-DO); ordenada su exhibición compulsiva antes de las películas en todos los cines

INTRODUCCIÓN

Para entender a España en el Siglo XX hay que darse cuenta de la catástrofe que fue la Guerra Civil para el país. Aunque la fase militar duró solo tres años (1936-1939), la venganza de los Nacionalistas es difícil de exagerar. Franco inició una oleada de ejecuciones de miles de republicanos en todas las regiones.

Al terminar la Segunda Guerra Mundial, Alemania estaba en ruinas. En poco tiempo empezó otra guerra, la guerra fría entre la Unión Soviética y Estados Unidos. Pensando en la amenaza del Este, EE.UU. y Gran Bretaña ayudaron en la reconstrucción de las mismas ciudades e industrias que acabaron de destruir en Europa. Fue cuestión de proteger el continente del poder comunista.

En otra ironía de la historia, la nueva "guerra" ayudó también en la salvación económica de España. Como explica Fuentes en el video, el anti-comunismo de Franco fue incontestable. EE.UU. necesitaba bases militares en el Mediterráneo que España ofrecía. Sin embargo, con la derrota del fascismo y nazismo, el régimen franquista era cada vez más anacrónico, el único país europeo que conservaba un sistema fascista. Bajo la presión de EE.UU., la Organización de las Naciones Unidas (ONU) y la de su propia gente, y con necesidades económicas de reestablecerse en el mundo de países industriales y modernos, Franco tuvo que consentir en los cambios. Pero el veneno de la Guerra Civil—una guerra entre hermanos que dividió a familias y pueblos—quedaba en las venas del país por años.

La Iglesia sirvió a Franco durante y después de la guerra, pero consciente del daño que había contribuido al sufrimiento del país, los obispos en los años 1970 hicieron algo extraordinario: pidieron formalmente la disculpa de la gente de España por su papel en la guerra y también pidieron la futura separación del Estado de la Iglesia.

EL ESPEJO ENTERRADO

PREPARACIÓN DEL TEMA

A. Identificación geográfica-histórica. ¿Qué importancia tienen los siguientes lugares o términos? Busque más información en la biblioteca o en Internet y preséntesela a la clase

*   Guernica (pueblo vasco)
*   Vichy, Francia
*   el Valle de los Caídos
*   la Segunda República Española

B. El arte de la época. ¿Qué sabe de los artistas y escritores importantes españoles de principios de siglo XX? Investigue y comente los siguientes artistas y obras.

*   Pablo Picasso
*   Guernica (obra de Picasso)
*   Antonio Machado

Poster anti-fascista en la guerra civil, estilo soviético

GUIÓN - *El espejo enterrado*

La violencia esporádica se convirtió en guerra civil en julio de 1936 cuando un grupo de jefes militares se rebelaron contra la República. Uno de ellos, Francisco Franco, se convertiría rápidamente en el caudillo de la insurrección. Ambos contundentes, Franco y la República, obtuvieron apoyo extranjero. Los republicanos, algunas armas soviéticas y la simpatía y el asilo mexicanos. Y de todas partes del mundo, llegaron hombres y mujeres a formar las Brigadas Internacionales en apoyo de la República. Intelectuales de muchos países se adhirieron también a la causa republicana.

Pero en el otro lado, Franco obtuvo el apoyo militar absoluto de las dictaduras fascistas de Alemania e Italia. Hitler y Mussolini ensayaron la segunda Guerra Mundial en las llanuras y los ríos de Castilla. Y el 26 de abril de 1937 los estukas de Hitler bombardearon la ciudad vasca de Guernica durante tres horas. Guernica no ofrecía objetivos militares; destruirla fue un simple ejercicio de intimidación de la población civil. Fue el presagio de los bombardeos masivos de Londres y de la destrucción de Coventry. De ahora en adelante, los inocentes se contarían entre las primeras víctimas de la guerra. Pero de la muerte de Guernica surgió la vida de *Guernica*, el cuadro emblemático del siglo XX del gran pintor moderno, el más grande pintor moderno de España, Pablo Picasso. Picasso nos pide que miremos el sufrimiento y la muerte a través de los símbolos eternos de la arena española: el toro y el caballo, despedazados. La dolorosa capacidad española para transformar los desastres de la historia en triunfos del arte se hace evidente en *Guernica*. Pero ahora nada nos puede proteger. Estamos fuera de la cueva de Altamira, fuera de la recámara de *Las meninas*, estamos en plena calle. Las bombas caen del cielo, todo es devastación y miseria y, una vez más, como en el principio, estamos desamparados.

¿Será posible reconstruir un mundo con los fragmentos del arte? Arrojado al exilio, cruzando los Pirineos, el poeta Antonio Machado, viejo y moribundo, suspiró:

> Españolito que vienes al mundo
> te guarde Dios.
> Una de las dos Españas
> ha de helarte el corazón...

Las dos Españas se enfrentaron, sin conciliación aparente. Sol y sombra, nuevamente. Cerca de El Escorial, Franco mandó construir su propia tumba: el Monumento de los Caídos.
Una enorme cruz se levanta sobre una gigantesca cueva perforada en la roca.
Dieciséis años se necesitaron para construir el monumento con los brazos de muchísimos prisioneros políticos. Es el tipo de pesadilla fascista que Hitler se hubiese mandado construir si hubiese ganado la guerra. Franco no ganó la Segunda Guerra Mundial. Pero tampoco la perdió. Ágil y astuto, Franco no permitió que Hitler lo arrastrara a la guerra y cuando estalló la paz, la no-beligerancia española se convirtió en una ventaja estratégica para la alianza atlántica, encabezada por el Presidente Eisenhower. Franco, en la puerta del Mediterráneo, le rentó bases aéreas a los EE.UU. Sus credenciales anticomunistas eran impecables.

La fachada de España bajo Franco fue monumental y uniforme. Pero el país era pobre. Necesitaba turismo, inversión, comercio y crédito, é los obtuvo. Durante los años de Franco, España alcanzó el desarrollo económico pero sin libertad política.

Franco en España nunca logró apoderarse de la totalidad de la cultura española. La poesía y la novela, las organizaciones políticas ilícitas, el periodismo—todos resistieron.

Muchos españoles republicanos se exiliaron en el Nuevo Mundo, sobre todo en México, una sociedad en pleno conflicto entre las fuerzas de la tradición y las de la modernidad.

DESPUÉS DE LEER

A. ¿Entendió? Conteste las siguientes preguntas según el guión del video.

1. ¿Cómo empezó la Guerra Civil en España?

2. ¿De dónde llegó el apoyo militar para los dos bandos del conflicto? ¿Qué otros tipos de apoyo se ofrecieron?

3. ¿Qué pasó en el pueblo de Guernica? ¿Por qué inspiró tanto horror?

4. ¿A qué se refiere la frase "las dos Españas"?

5. ¿Qué simbolismo tiene el Monumento a los Caídos?

B. Temas para discutir. Trabaje con un grupo de compañeros de clase para discutir los siguientes temas.

1. Después de la Guerra Civil y la victoria de Franco, ¿cómo cambió España? Mencionen aspectos culturales, económicos, políticos, etc.

2. Fuentes comenta que "Franco en España nunca logró apoderarse de la totalidad de la cultura española. La poesía y la novela, las organizaciones políticas ilícitas, el periodismo—todos resistieron". ¿Ocurrió tal resistencia anti-fascista en Alemania e Italia? ¿Qué opciones tienen los intelectuales en un régimen fascista?
3. Algunos refugiados del nazismo—escritores, judíos— pudieron cruzar a España y a Portugal para escapar de los alemanes y de los franceses colaboradores (del gobierno de Vichy). Haga una investigación de este fenómeno. ¿Les parece contradictorio que un gobierno fascista (Franco) aceptara a refugiados del fascismo alemán?

NOTAS DE LENGUA

LA CENSURA Y LA SUPRESIÓN DE LAS LENGUAS REGIONALES

Antes de la victoria de las fuerzas nacionales de Franco en la guerra civil (1939), se aprobó en 1938 la Ley de Prensa, que le dio al gobierno central totalitario control completo de los medios de comunicación (prensa, radio, cine y luego televisión). El estado les obligó a todos los medios a que publicaran los anuncios oficiales, de carácter propagandístico, y todos los discursos del Caudillo. La censura incluía "sugerencias" sobre cómo redactar las noticias, para promover la línea oficial del estado, así como una revisión por los censores antes de la publicación o emisión.

Durante el franquismo las películas siempre se exponían dobladas, frecuentemente con cambios en el diálogo para evitar temas prohibidos (ideas políticas inaceptables al régimen, temas considerados moralmente indecentes). No se usaban subtítulos porque el doblaje permitía un control más completo del contenido del diálogo.

La ideología unificadora centralista del franquismo también requirió la supresión de las lenguas regionales de España. Para los franquistas, el castellano era uno de los símbolos más importantes de la nación, de la patria. Durante las primeras tres décadas de la dictadura, se prohibió el uso público del catalán, el gallego y el vasco.

En la época éstos se denominaban "dialectos", término que implica un estatus inferior a la "lengua" castellana. No se enseñaban en las escuelas, y su uso público provocó multas y hasta el encarcelamiento.

Durante los últimos años del franquismo, se relajaron las restricciones y se veía un uso elevado de las lenguas regionales en los medios de comunicación. Pero la marginalización de estas lenguas ya se asociaba con el régimen de Franco, y pronto llegaron a ser una "seña de identidad" de la oposición creciente al gobierno central. Irónicamente, los intentos de supresión de Franco sembraron las semillas del éxito y la vitalidad actuales de las lenguas regionales de España.

1. ¿Por qué es tan importante para un régimen totalitario controlar los medios de comunicación?

2. ¿Conoce usted otros casos de censura en la historia? ¿En qué circunstancias se dieron? ¿Bajo qué circunstancias sería justificado censurar los medios de comunicación?

3. Busque en Internet o en la biblioteca más información sobre el resurgimiento de las lenguas regionales (catalán, gallego, vasco) después de 1975.

GRAMÁTICA EN BREVE

This chapter continues the use of the subjunctive in impersonal expressions and in adjectival clauses. We will also discuss the basic rules governing the use of the past subjunctive.

A. The subjunctive with impersonal expressions

Impersonal expressions often present some degree of subjectivity because they involve statements of persuasion, emotion, doubt, uncertainty, disbelief, etc. These expressions will require the subjunctive in the verb of the dependent clause. It is important to note that there are some impersonal expressions that are used to describe certainty and thus do not employ the subjunctive (e.g., es verdad, es evidente, es obvio, es claro). The following list includes the most common expressions that require the subjunctive. (The expressions here are given with the present tense of ser, but any other tense is possible.)

es importante	es bueno
es difícil	es fácil
es imposible	es posible
es lástima	es probable
es necesario	
es aconsejable	

Es importante que recordemos todos los conflictos del siglo XIX en España.	It is important that we remember all the political conflicts in 19th-century Spain.

As in other uses of the subjunctive, if no subject in the independent clause is expressed or implied, the infinitive is used:

Es importante recordar todos los conflictos del siglo XIX en España.	It is important to remember all the political conflicts in 19th-century Spain.

B. The subjunctive in adjective clauses

Adjective clauses are entire clauses which function as adjectives by modifying a noun (called the antecedent) located in the main clause. Whenever the antecedent is indefinite or non-existent, the verb in the adjective clause is in the subjunctive. Note that in previous chapters the main-clause cues for the subjunctive were verbs or verbal expressions; here the cue is a noun.

No hay **vecinos** en este pueblo que **recuerden** los eventos de la batalla que tuvo lugar aquí en 1936.	*There are no residents in this town who remember the events of the battle that took place here in 1936.*
Los republicanos buscaban **colaboradores** en las zonas nacionalistas que **pudieran** ayudarlos a conseguir víveres.	*The Republicans were looking for collaborators in Nationalist zones who could help them acquire provisions.*

In both of the examples above, the antecedents (**vecinos** or **colaboradores**) do not exist or are not known to exist by the speaker. Contrast the preceding examples with those below, where the speaker knows the antecedents to exist; the indicative is used in the descriptive adjective clause:

Hay muchos **vecinos** en este pueblo que recuerdan los eventos de la batalla que **tuvo** lugar aquí en 1936.	*There are many residents in this town who remember the events of the battle that took place here in 1936.*
Los republicanos encontraron a **colaboradores** en las zonas nacionalistas que **podían** ayudarlos a conseguir víveres.	*The Republicans found collaborators in Nationalist zones who could help them acquire provisions.*

The definite existence of the direct object **colaboradores** in the last example is indicated by the personal **a** as well as the indicative **podían**. Note that English often does not distinguish between definite and indefinite antecedents; the translation "who could help them acquire provisions" corresponds to both indicative and subjunctive verbs.

Ciudad Universitaria, Madrid, durante la guerra civil, 1936

C. Correspondence of tenses when using the subjunctive

When using the subjunctive in subordinate clauses, there is normally a correspondence between the tense of the verb or verbal expression in the main clause and the tense of the verb in the subordinate clause.

1. When the tense in the main clause is in the present or the future, the tense of the verb in the subordinate clause is normally in the present subjunctive.

2. When the tense in the main clause is in the past or the conditional, the tense of the verb in the subordinate clause is normally in a form of the past subjunctive. Remember that there are also two compound forms in the subjunctive: the present perfect subjunctive and the pluperfect subjunctive. These are formed with the subjunctive of the verb **haber** and the past participle. The present perfect (in both the indicative and the subjunctive) can be either a present or a past tense depending on the meaning of the sentence. The pluperfect is always a past tense.

Below are some examples of normal correspondence between tenses.

El gobierno actual de España **permite** que los ciudadanos **expresen** libremente sus opiniones.	*The current government of Spain allows citizens to express their opinions freely.*
El gobierno de Franco no **permitía** que los artistas e intelectuales **expresaran** sus ideas contra el régimen.	*Franco's dictatorship did not allow artists or intellectuals to express ideas against the regime.*
No **se permitían** arte, películas y literatura que **expresaran** ideas contrarias a las del gobierno.	*Art, film, and literature that expressed ideas contrary to those of the government were not permitted.*

Note that in the last example, the dependent clause verb has to be subjunctive because the antecedents described (**arte**, **películas** y **literatura**) did not exist. The past subjunctive is used because the time frame of the main clase is past (imperfect).

To indicate that the action of the dependent clause took place before the action of the main clause, the perfect subjunctive forms are used (present or past, depending on the main verb):

Muchos españoles **dudan** que el presidente **haya mentido**.	*Many Spaniards doubt that the president lied.*
A los nacionalistas les **horrorizó** que los republicanos **hubieran ejecutado** a curas y monjas.	*The nationalists were horrified that the Republicans had executed priests and monks.*

It is important to emphasize that the correspondence of tenses is based on guidelines and not on absolute rules. There are times when the meaning overrules the guidelines. In the following example, the verb **sugirió** in the main clause is in the preterite (a past tense) but the verb **lean** in the subordinate clause is in the present subjunctive because it makes more sense given the future time frame of the act of reading:

Ella **sugirió** que la semana próxima **leamos** un libro de Matute.	*She suggested that next week we read a book by Matute.*

LITERATURA
CONTEXTO HISTÓRICO

Durante los tres años de la guerra civil (julio de 1936 a abril de 1939) la literatura estaba tan dividida como lo estaba el país, y tanto los republicanos como los nacionalistas escribieron obras que expresaban sus afiliaciones políticas. En ambos lados había novelas y teatro, pero sin duda fue la poesía la que tuvo mayor importancia, especialmente en el lado republicano. La primera selección literaria viene de este período y al presentarla hablaremos más sobre el papel y la importancia de la poesía durante este tiempo.

Inmediatamente después del fin de la guerra, el gobierno de Franco empezó a enforzar una violenta censura que no permitía la producción de arte, películas y literatura que expresaran ideas contrarias a las del gobierno y la Iglesia. Muchos de los escritores de mayor importancia se vieron forzados a salir del país y se fueron al exilio, principalmente a otros países de Europa y a Latino América, y allí siguieron escribiendo. Algunos, muchos menos en cantidad, se establecieron en los Estados Unidos y en el Canadá. La gran mayoría de los escritores exiliados escribieron con nostalgia sobre España y presen-

taron en sus obras las injusticias y miseria de la guerra y de la posguerra, pero al pasar de los años se fueron asimilando a las culturas de los países en que se encontraban. Sus obras, sin olvidar nunca a España, empezaron a adquirir características internacionales.

Entre los escritores que se quedaron en España al terminar la guerra, se pueden ver varias etapas en el desarrollo de la literatura entre 1939 y el año en que Franco murió, 1975. Una división que se usa con gran frecuencia para facilitar la discusión de la producción literaria del país consiste en tres etapas: la de los años 1939 a 1950; la de los años 1950 a 1960; la de los años 1960 a 1975.

1939-1950

Inmediatamente después de la guerra los escritores se vieron forzados a no publicar nada contra Franco o su gobierno, bajo peligro de encarcelamiento y de muerte. Entre los escritores que sufrieron a manos del régimen de Franco por haber expresado sus convicciones durante y

CLAVE LITERARIA:
La literatura comprometida

El término "literatura comprometida" se usa para referirse a obras que tienen como objetivo expresar una opinión sobre temas políticos o sociales. En inglés se puede usar la palabra francesa *engagé*, que significa "committed to a cause or ideology", pero con mayor frecuencia se dice simplemente que un libro o una película "has a message".

La literatura comprometida puede ocurrir bajo todas las condiciones políticas posibles, pero generalmente utiliza métodos diferentes según la situación específica. Cuando hay mucha libertad, es posible expresar lo que uno piensa sin peligro, y la literatura comprometida puede presentar críticas, comentarios, y sugerencias directamente. Claro que cuando hay mucha libertad, generalmente hay menos necesidad de crítica, pero también hay más posibilidades de lograr avances en las causas sociales y la gente responde a las ideas progresistas que se sugieren. Por eso la literatura comprometida florece en tiempos de libertad.

Por otra parte, cuando hay represión y censura la literatura comprometida también florece pero por razones opuestas, pues en esas circunstancias es importante desacreditar, y si es posible, destruir el gobierno y otras fuerzas que tienen el control. El problema es que es necesario encontrar maneras indirectas de presentar las críticas, lo cual no es siempre fácil.

después de la guerra, uno de los más conocidos es Miguel Hernández (1910-1942). Además de escribir poesía y teatro, Hernández se había alistado en el ejército republicano durante la guerra. Murió enfermo en la prisión después de haber estado en varias cárceles.

Hernández fue uno de los pocos que se atrevieron a escribir bastante directamente contra el Régimen de Franco una vez que la guerra había terminado. En los primeros años después del fin de la guerra un número de escritores simplemente escribieron "literatura de evasión", es decir obras que evitaban cualquier tema que pudiera ser considerado contrario a las ideas franquistas. Escribieron obras sentimentales que no representaban lo que estaba sucediendo en el país sino que al contrario, evitaban confrontar la miseria de la gente y el aislamiento en que España se encontraba en relación al resto del mundo.

Pero unos años más tarde aparecen algunos libros que empiezan a confrontar la realidad del país. Uno de ellos es la novela *La familia de Pascual Duarte*, escrita por Camilo José Cela (1912-2002) y publicada en 1942. Es una novela que ocurre en un mundo de crimen y violencia, y que aunque no contiene una crítica directa del gobierno, presenta la vida de una manera humanizada y trágica, de modo que la gente puede ver que hay una relación entre la novela y lo que está sucediendo en el país.

También se publica en 1944 un famoso libro de poemas titulado *Hijos de la ira*, escrito por Dámaso Alonso (1898-1990), que se considera un paso de mayor importancia hacia la liberación de la poesía. Aunque no puede mencionar directamente al gobierno o a Franco, Dámaso Alonso logra presentar en sus poemas el tipo de emociones fuertes y de horror que tantos españoles sienten en ese momento ante la injusticia de la situación.

Estos dos libros—uno en prosa y el otro de poesía—y algunas obras de teatro que comienzan a representarse después de 1949, tendrán un gran efecto en los cambios que se verán en la literatura de los años cincuenta.

Una manera que se usa con frecuencia para criticar indirectamente el gobierno sin mencionarlo, es escribir literatura realista que muestra las dificultades, la pobreza, y el sufrimiento del país. Para hacer esto, los escritores crean personajes que son muy parecidos a la gente del momento, y crean condiciones que son muy similares a las que se ven en la vida diaria. Es una manera muy efectiva de criticar, pues la gente corriente quiere leer esta literatura con la que se identifica, y se da cuenta de los problemas que el gobierno y las demás autoridades que controlan el país están creando.

Hay otros casos en los que los autores prefieren dirigir las obras que escriben a otros niveles sociales en lugar de la gente común. Por ejemplo, en algunas situaciones políticas puede haber gente que tiene mucha educación y que puede tener mucha influencia para lograr cambios en el país. En esos casos hay otras maneras que pueden ser más efectivas que el uso de la literatura realista para llegar a este nivel social. Es posible, por ejemplo, utilizar símbolos, alegorías, metáforas, o técnicas que esconden lo que se está criticando, pues las personas para quienes esta literatura se intenta tienen la habilidad para interpretar los significados ocultos y en muchos casos prefieren este tipo de lectura porque la encuentran más interesante.

No hay duda de que la literatura comprometida será de importancia en el futuro como lo ha sido siempre en el pasado, ya sea para desacreditar los abusos del poder en tiempos de represión, o para sugerir ideas progresistas en tiempos de libertad.

1950-1960

Aunque estas fechas no son perfectas para describir los cambios que ocurren en todos los géneros literarios del país, se usan normalmente para describir una etapa que es diferente en términos generales de lo que había sucedido en la literatura española durante los primeros años de posguerra. Los escritores empiezan a romper las barreras que se les habían impuesto después de la guerra, y algunos eventos que ocurren en España en esta nueva década contribuyen a crear un ambiente en el que los cambios en la literatura son posibles. Uno de los eventos de mayor importancia fue que en 1953 Franco concedió a los Estados Unidos el permiso de establecer bases militares en España a cambio de ayuda económica, lo cual significa que por primera vez hubo influencias extranjeras en el país después de catorce años de aislamiento casi total. Un efecto de esto fue que Franco se dio cuenta de que había otras partes del mundo que estaban observando lo que pasaba en España, y el resultado fue que la censura se relajó un poco. También comenzando en 1954 hubo de vez en cuando débiles manifestaciones que empezaron a criticar el gobierno y que con tiempo se volvieron más fuertes y en algunos casos resultaron en sangre.

Tanto la poesía como la novela son de mayor importancia durante este período. A la poesía de estos años generalmente se le da el nombre de "poesía social", lo cual significa que se convierte en un instrumento de ayuda a la sociedad y deja de ser simplemente arte. Evita lo artificial, prefiere utilizar un lenguaje bastante sencillo, y trata de temas que afectan a la gente en su vida diaria, como el trabajo y la pobreza. También hay escritores que critican este tipo de poesía porque piensan que pierde su valor como literatura, pero para muchos es su manera de contribuir a mejorar la situación de la gente.

La novela adquiere mucha importancia durante la década de 1950-1960. Puesto que el gobierno de Franco falseaba la información y no permitía que a la gente le llegara la verdad, hay un grupo de escritores que quieren comunicar a los lectores la realidad del país por medio de sus obras. El resultado es una prosa de "realismo social" que intenta presentar la vida y los problemas de la gente corriente en ese momento. No se menciona directamente el Régimen de Franco, pero los lectores pueden hacer la conexión entre la negatividad de la situación en que la gente vive, y la irresponsabilidad y crueldad del gobierno.

1960-1975

Durante esta época la situación económica de España mejora bastante pues el país se abre al turismo y hay avances en la producción e industrialización. Además de ayuda económica, el turismo también les presenta a los españoles ideas, modas, y otras influencias extranjeras. Todos estos factores se pueden ver en cambios que empiezan a ocurrir en la literatura del país poco después de 1960. Aunque todavía hay algunos que siguen escribiendo la literatura social por un tiempo, muchos otros ya no sienten la necesidad de mostrarle a la gente la realidad del país, y prefieren crear obras que sean interesantes y que reflejen el deseo de muchos españoles de integrarse al mundo y ponerle fin al aislamiento que había comenzado con la guera civil.

La influencia norteamericana durante este tiempo no es solamente económica sino también cultural. Llegan a España las libertades de expresión que está adquiriendo la literatura de los Estados Unidos, de Latino América, y de otros países de Europa. Esto resulta en que los escritores españoles comienzan a experimentar, usando técnicas que representan un interés mucho más artístico y menos social. España evidentemente está tratando de encontrar nuevas maneras de expresarse.

Todo esto no significa que la literatura olvida todos los sufrimientos del país. Los escritores se dan cuenta de que España está muy lejos de superar sus problemas. Saben que el país perdió una gran parte de su identidad durante y después de la guerra civil. Están conscientes de que para poder incorporarse a la Europa moderna es necesario encontrar nuevas maneras de pensar y de ser español. Esto es lo que los escritores están tratando de lograr cuando Franco muere en 1975.

SELECCIÓN 1 : *El niño campesino* (Rafael Beltrán Logroño)

Sobre la obra

Como se mencionó anteriormente, la poesía fue el género que tuvo la mayor influencia durante los años de la Guerra Civil. Entre los tipos de poemas que se escribían en el lado republicano, el **romance** fue el que surgió con mayor fuerza. Los romances se habían usado mucho en España durante la edad media para narrar hechos históricos. En la guerra civil se usaron con muchos propósitos, como animar a las tropas, crear sentimientos de patriotismo, exaltar a los héroes y contar los detalles de las batallas. Su popularidad se debió en gran parte a que era una forma tradicional antigua que recordaba a los españoles de su herencia histórica. La guerra civil era un tiempo de patriotismo y todo lo español tenía mucho valor para la gente que estaba defendiendo su país y su libertad.

Los romances eran tan populares que en las calles de Madrid se construyeron estructuras para que los poetas se los leyeran a la gente. A veces había personas ciegas que recitaban los poemas pues en tiempos antiguos había sido tradicional que los ciegos entretuvieran a la gente con romances.

Varios de los poetas importantes escribieron romances, pero también muchos de los autores eran anónimos o no muy conocidos. Muchos fueron escritos por soldados durante los momentos de pausa entre las batallas. Se publicaron varios libros llamados **romanceros** que contenían colecciones de estos romances. A continuación vemos dos estrofas de un romance escrito por Rafael Beltrán Logroño, un poeta que escribe con gran sentimiento, aunque no se encuentra entre los famosos.

. . . .

El niño campesino (Rafael Beltrán Logroño)

¿Quién ensangrentó el sembrado?
¿Quién ha apuñalado el cielo?
¿Quién ha cegado la fuente
quebrando su limpio espejo?
Fueron traidores, traidores
hombres sin conciencia fueron.
Vinieron de allí, de abajo,
por la tierra y por el cielo,
como manada de lobos,
como bandada de cuervos.
¿Quién ensangrentó el sembrado?
¿Quién ha apuñalado el cielo?
¿Quién ha cegado la fuente
quebrando su limpio espejo?

Le vieron desde el camino,
en aquel campo le vieron,
con un trozo de metralla
clavado dentro del pecho.

Apenas su sangre era
roja fuente que en silencio
iba regando la tierra
de los campos de barbecho.
Eran sus manos morenas
como dos pájaros muertos,
sin vida para ser vistos,
sin alas para los vientos.
¡Ay, mi niño campesino!

¿Quién puso tanto veneno
en la mano del canalla
que ha desgarrado tu cuerpo?
¿Qué culpa tenías tú,
en ti, qué enemigo vieron,
si ibas con tu taleguilla
cantando por el sendero
a levantar las alondras
de entre los surcos abiertos?

. . . .

GUÍA DE LECTURA

niño campesino *country boy*

ensangrentó *bathed with blood*

sembrado *a planted field*

ha apuñalado *has stabbed*

ha cegado la fuente *has blocked the well*
  (< **cegar** *to blind*)

espejo *mirror*

manada de lobos *a pack of wolves*

bandada de cuervos *a flock of crows*

campo *field*

trozo *piece*

metralla *shrapnel*

clavado *nailed*

regando *watering/irrigating*

campos de barbecho *fields that are left fallow (to restore their fertility)*

veneno *poison*

canalla *a despicable, mean person*

desgarrado *ripped apart*

culpa *fault*

taleguilla *a small bag*

sendero *path*

a levantar las alondras *to make the larks leave the fields (which are being prepared for planting the seeds)*

surcos *furrows*

Comentario y discusión

Con algunos compañeros de su clase discuta usted estos temas y preguntas.

1. En el poema hay una mezcla de imágenes de guerra e imágenes de agricultura. Identifiquen las imágenes que representan estos dos conceptos.

2. El hecho de que el protagonista sea un niño y que sea un campesino que cultiva el campo tiene efectos muy importantes para los lectores. ¿Qué sugiere esto sobre las personas que han matado al niño? ¿Cuál es la reacción que el poeta quiere que los lectores tengan al visualizar estas imágenes?

3. España es un país muy árido y la agricultura está limitada a unas pocas regiones del país. Mucha gente tenía hambre durante la guerra. ¿Qué efectos para la agricultura y la gente sugieren las imágenes de "ensangrentar el sembrado" y "cegar la fuente" que se hacen en las preguntas al principio del poema?

SELECCIÓN 2 : Los carboneros (un capítulo de *El río*)

Sobre la autora

Ana María Matute nació en Julio de 1926 en Barcelona y tenía sólo 12 años cuando la guerra terminó. Ha surgido como una de las escritoras/escritores más memorables de posguerra por la riqueza de sus novelas y sus cuentos. Entre los personajes que ocurren con regularidad en sus obras se encuentran los niños y la gente que vive al margen de la sociedad. La naturaleza y los animales también son parte esencial de su creación literaria.

Como muchos otros escritores del período de posguerra, Matute empezó a presentar la realidad en sus obras para que la gente se diera cuenta de lo que estaba pasando en el país. Se le considera una de las figuras más importantes entre los escritores que comenzaron el "realismo social" de los años 1950-1960. Entre las características de su escritura, se le reconoce universalmente su capacidad para expresar las complejidades de los aspectos psicológicos de sus personajes.

Sobre la obra

A continuación se presenta un capítulo breve de su libro *El río*, que se publicó en 1962. No se le considera como uno de los libros del "realismo social" pues fue escrito un poco después de la década en la que Matute escribió sus obras más sociales, pero en algunos de sus capítulos se puede todavía ver esa tendencia. *El río* es más que todo un libro de recuerdos de los lugares donde ella había pasado su niñez.

Los carboneros (un capítulo de *El río*)
(Ana María Matute)

Hacia septiembre llegaban las familias de los carboneros, por lo alto de la montaña. Casi nunca bajaban al pueblo, excepto las mujeres, o los niños, para comprar algo en la tienda. Vivían en el bosque, y eran gente de piel oscura y cabellos rizados, negros. No hablaban con nadie.

Nosotros temíamos y admirábamos a los carboneros. Ellos se decían cazadores, porque el forestal los perseguía, ya que estaba prohibido lo que hacían en los árboles. Procuraban, pues, huir y alejarse, con su oficio como una lacra; y raramente podría atraparles.

—Mala plaga—decían los hombres del pueblo. —Destrozan como la guerra.

Hacían grandes desastres en los bosques, fabricando el carbón que luego vendían a los campesinos de otros lugares. Todos tenían escopeta, y cuando el forestal o un guardia civil los sorprendía entre los árboles, como negros duendes, medio confundidos entre los robles, siempre había una buena excusa que dar para sus andanzas. Por lo general eran buenos tiradores. A menudo conseguían bajar al Ayuntamiento una o dos alimañas con un tiro entre los ojos, y decir:

—Vamos matando lobos, zorros, ¿qué mejor cosa se puede hacer?

A los campesinos les emociona la muerte de un lobo, de una zorra o un gato montés. Se sienten dulces y generosos con quien les trae los cuerpos ensangrentados de estos animales, y olvidan en esos momentos o fingen ignorar cualquier falta. Dan al cazador nueces, queso, vino, dinero, o cualquier cosa que valga, y le dejan ir tranquilo.

Pero me acuerdo que una vez la guardia civil atrapó en plena faena delictiva a uno de estos hombres. Era un tipo casi negro, con seis hijos como él, y una mujer sin edad, medio oculta, entre sus pañuelos. La guardia civil bajó, montaña abajo, con las manos atadas a la espalda, a él y a sus dos hijos mayores, aunque casi eran unos niños. La mujer y los cuatro pequeños seguían detrás, en silencio, como animales que no abandonan a su dueño.

Al entrar en el pueblo, los chiquillos de la aldea, echaron a correr detrás, tirándoles piedras; las mujeres gritaban y los hombres les veían pasar con mirada implacable.

Iban hacia el Ayuntamiento, como cuando aquel hombre u otro como él, traía arrastrando por el barro el cuerpo sangrante de un lobo, atadas las patas traseras con un trozo de soga. También, entonces las mujeres insultaban, los niños gritaban y tiraban piedras. Pero aquellos cuatro niños pequeños y la mujer, levantaron de pronto la cabeza y vi sus ojos, fieros y lejanos, duros. Eran los mismos ojos quietos de cristal negro, de los zorros, de los gatos monteses, de los lobos y de todas las criaturas que son perseguidas, atrapadas y muertas.

GUÍA DE LECTURA

carboneros *coalmen*

bosque *forest*

piel *skin*

rizados *curly*

se decían cazadores *they said that they were hunters*

forestal *forest ranger*

perseguía *chased*

procuraban *attempted, tried*

huir *to escape, flee*

alejarse *to distance themselves, go away*

lacra *scar, defect*

atraparles *to catch them*

mala plaga *a scourge*

destrozan *they destroy*

escopeta *shotgun*

guardia civil *civil guard* (policía rural)

duendes *goblins, elves*

robles *oak trees*

andanzas *adventures, escapades*

tiradores *marksmen*

a menudo *often*

ayuntamiento *city hall*

alimañas *vermin*

lobos *wolves*

zorros *foxes*

gato montés *wild cat*

ensangrentados *bloodstained*

fingen *fake, feign*

nueces *walnuts*

en plena faena delictiva *in the process of performing a crime*

medio oculta *half-hidden*

atadas *tied*

aldea *village*

mirada *gaze*

implacable *ruthless, relentless*

arrastrando *dragging*

patas traseras *back legs*

trozo de soga *a piece of rope*

fieros *fierce*

Comentario y discusión

Con algunos compañeros de su clase discuta usted estos temas y preguntas.

1. Este texto está dividido en dos partes principales. La primera parte consiste en descripción de los carboneros y su vida en general. La segunda narra un suceso específico. Identifiquen el punto en que el cambio ocurre.

2. ¿Cómo indica la autora que los carboneros viven al margen de la sociedad, que son gente "marginada"? Citen ejemplos específicos.

3. Durante el período de posguerra en España, mucha gente vivía con miedo constante de las autoridades del país. ¿En qué partes del texto hay referencias en las que se pueden ver las tensiones entre los carboneros y algunos personajes que representan las autoridades?

4. No todo el mundo en España estaba en contra de la represión que se llevaba a cabo en el país después de la guerra. El país quedó bastante dividido y había mucha gente que estaba de acuerdo con los métodos
del gobierno. ¿En qué partes del texto se puede ver que no son solamente las autoridades las que mantienen las tensiones con los carboneros?

5. En la imagen final se comparan los ojos de la mujer y los cuatro niños a los ojos de varios animales. ¿Qué es lo que tienen en común? ¿Creen ustedes que en esta comparación hay una acusación al Régimen de Franco durante la posguerra?

Milicianas en Madrid, Guerra civil

Escaramuza (Teruel), Guerra civil

EN RESUMEN

1. Escriba un resumen de lo que ocurrió en Espana antes, durante y después de la Guerra Civil.

2. Comente la intervencion (o la no-intervención) en España del extranjero: la Unión Soviética, Alemania, Italia y los EE.UU.

3. ¿Comente la importancia del mural *Guernica* con respecto a la guerra civil?

Guernica, Pablo Picasso

LA ESPAÑA DE HOY

Artistas elocuentes

AGENDA: TEMAS IMPORTANTES

1. ¿Cómo ha evolucionado España después de la muerte de Franco?

2. ¿Qué futuro tiene el país?

3. ¿Cómo representa el arte el carácter de la sociedad?

ORIENTACIÓN CRONOLÓGICA

1951	Sale en Buenos Aires la famosa novela española *La Colmena* de Camilo José Cela
1952	Pacto bilateral entre EE.UU. y la España de Franco
1957	Se funda ETA, organización para la independencia vasca
1960	Aparecen grupos y cantantes de protesta (anti-Franco): *Los Bravos*, Rocío Jurado, Pepe Romero (Flamenco).
1973-1975	Sale una serie de películas con subtextos contra la dictadura de Franco: *El Espíritu de la Colmena* de Victor Erice, *La Prima Angélica* y *Cría Cuervos* de Carlos Saura, *Furtivos* de José Borau
1975	Muere el dictador Francisco Franco; Juan Carlos es nombrado rey
1976	Aparece el nuevo diario independiente, *El País*
1978	Nueva constitución aprobada por gran mayoría de españoles
1981	el "Tejerazo", intento de golpe de estado, frenado por el rey Juan Carlos
1982	PSOE (Partido Socialista Obrero Español) gana en las elecciones; Felipe González elegido Primer Ministro
1986	España se incorpora a la Unión Económica Europea
1987	Inauguración del Museo Guggenheim de Frank Gehry en Bilbao
2002	España adopta el euro como moneda oficial
2004	Ataque terrorista en Madrid con más de 200 muertos
	Vuelve al poder el PSOE con el Primer Ministro Zapatero; importantes cambios progresistas con respecto a los derechos de las mujeres, los gays y lesbianas y la extracción de España en participación militar en el extranjero
2005	España vota a favor de la Constitución Europea

INTRODUCCIÓN

En la conclusión de la serie *El espejo enterrado*, Carlos Fuentes resume los eventos clave que han producido una nueva España. La dictadura de Franco ha sido reemplazada por un gobierno elegido, legítimo y relativamente estable. Con su participación en el Mercado Común, España se ha integrado en Europa. Esta transición no fue fácil. Fuentes felicita el papel del Rey Juan Carlos, quien en los primeros momentos de vida de la nueva democracia intervino para protegerla.

Saturno devorando a su hijo
Francisco de Goya

Cuando un grupo de oficiales militares con sueños franquistas entraron en el recién constituido parlamento español y a fuerza de armas trataron de apoderarse del país, el Rey los denunció por radio y televisión. Fue un débil atentado algo maniático de repetir la rebelión de Franco en otra época, pero el mundo había cambiado y tal insurgencia fascista fue impensable en los 1980.

En vez de terminar el video con un panorama rosado de triunfos económicos, Fuentes nos sorprende con muestras horrorosas del gran artista, Francisco Goya. Con algunas de estas pinturas de Goya al fondo, Fuentes comenta lo que Goya describe en su arte: la crueldad humana en condiciones de competencia, de aislamiento y sobre todo de los desastres de la guerra, todo expresado en el título que dio Goya a uno de sus famosos caprichos: *El sueño de la razón produce monstruos*. De la mitología clásica vemos como un microcosmo del mundo a un Saturno enloquecido devorando a su propio hijo, o la crueldad de encarcelar a los seres desesperados en una Casa de Locos (Madrid). Y no nos sorprende que Fuentes incluye el mural de un gran artista mexicano, José Clemente Orozco: Prometeo, pintado en Pomona College, California, EE.UU. Aunque de otro siglo, el arte sigue expresando la condición humana, lo mismo que está expresada en un poema, una novela, el baile o la música. Y aunque ha caído el telón cinemático en la serie, los comentarios de Fuentes siguen válidos en el siglo que acaba de estrenar con nuevos dramas, nuevas locuras y nuevas posibilidades.

EL ESPEJO ENTERRADO

PREPARACIÓN DEL TEMA

A. Identificación. ¿Quiénes son estos personajes o entidades? Busque más información en la biblioteca o en Internet y preséntesela a la clase.

- Francisco de Goya
- los caprichos (Goya)
- el rey Juan Carlos I de España
- Disneylandia

B. Arte y mitología. Los artistas frecuentemente usan temas de la mitología para comunicar sus ideas o para crear símbolos. ¿Qué sabe de los siguientes mitos clásicos? Busque información básica en Internet o la biblioteca.

- Prometeo
- Saturno (devorando a su hijo)

GUIÓN - *El espejo enterrado*

La transición de la dictadura a la democracia pudo ocurrir en España porque todos los actores políticos de la izquierda a la derecha desempeñaron de manera responsable sus papeles.

El joven rey Juan Carlos fue el fiel de la balanza, el punto de equilibrio de todo este proceso. Además España, después de siglos de aislamiento, se unió a Europa. Los Pirineos se derrumbaron. Pero España no debería olvidar de que también debe estar presente en la América española, en las naciones hispanoamericanas, esos "cachorros del león español," como nos llamó el poeta nicaragüense Rubén Darío.

¿España simplemente sería una nación del futuro consumista, rica, acrítica, jugando en el jardín de recreo de la Comunidad por no decir la Disneylandia europea, o se uniría a la América española, a su herencia común, con una voluntad política necesaria para alcanzar nuestros objetivos comunes económicos, políticos, culturales en el siglo XXI?

España y el nuevo mundo son espacios donde diversas culturas se dan cita. Centros de incorporación, no de exclusión. Así lo han entendido nuestros mayores artistas, como Goya, tan atento a presentar los más diversos perfiles de la humanidad. Imágenes que el mundo moderno, optimista y progresivo olvidó y luego pagó un alto precio por el olvido. Los valores convencionales de la sociedad occidental fueron brutalmente negados en las dos guerras mundiales. España y América española nunca se han engañado sobre la capacidad de destrucción y sufrimiento humanos. Goya niega las falsas ilusiones. Los hombres son prisioneros de la sociedad. La pobreza no hace a nadie mejor, sólo lo hace más cruel. La naturaleza es sorda. No puede salvar al ser inocente. Y la historia, como Saturno, devora a sus propios hijos. Seamos lúcidos y generosos, pero no complacientes.

El arte de España y de Hispanoamérica es una advertencia constante sobre la violencia que los hombres pueden ejercer contra sus semejantes. En los murales de Orozco en Pomona, Prometeo simboliza la visión trágica de la cultura hispanoamericana: el héroe condenado por los dioses y encadenado a una montaña por haberles dado a los hombres el fuego de la libertad. Prometeo usó su propia libertad para robarles el fuego a los dioses y dárselo a los hombres. En seguida pierde su libertad y los hombres ni siquiera son agradecidos. Pero la cuestión trágica es ésta: ¿Hubiera sido Prometeo más libre si no hubiera usado su libertad, si hubiera permanecido pasivo sin arriesgar ni la cólera de los dioses ni la ingratitud de los hombres? O ¿sólo es libre porque usó su libertad aunque al cabo la perdiese?

Esta es la cuestión trágica: lucha, ama, escribe, pinta, habla, actúa, pero siempre en compañía del otro. Haz lo que tienes que hacer aunque sepas que vas a fracasar, pero hazlo siempre abrazando al "otro", ensanchando la posibilidad humana. Pues, un hombre y su cultura perecen en el aislamiento y un hombre y su cultura sólo nacen o renacen en compañía de los demás, en compañía de los hombres y mujeres de otra cultura, de otro credo, de otra raza.

La lección de España y de la América española es que no hay desafío más grande que el "otro". Desafiando nuestros prejuicios, desafiando nuestra capacidad para dar y para recibir. A veces hemos fracasado en el mundo hispánico. No hemos sabido abrazar al "otro". Pero siempre hemos sido conscientes del desafío. Y cuando nos hemos reconocido en el "otro", hemos podido, al fin, desenterrar el espejo y vernos reflejados en él, enteros, completos, sólo porque nos acompañan los demás.

DESPUÉS DE VER

A. ¿Entendió? Conteste las siguientes preguntas según el guión del video.

1. Según Fuentes, ¿qué papel desempeñó el rey Juan Carlos en la historia moderna de España?

2. ¿Qué futuros posibles ve Fuentes para España?

3. ¿Qué papel tiene el arte en la sociedad?

4. Fuentes se refiere frecuentemente al "otro" y la necesidad de abrazarlo. ¿Qué es este "otro"?

B. Temas para discutir. Trabaje con un grupo de compañeros de clase para discutir los siguientes temas.

1. Con el nuevo enlace con Europa, ¿qué importancia tiene Hispanoamérica para España? ¿España para Hispanoamérica?

2. Fuentes describe la nueva España como "jugando en el jardín de recreo" de la Comunidad Europea. ¿Qué quiere decir esto? ¿Cuál sería una alternativa para la participación de España en Europa?

3. ¿Creen que el "otro" de Fuentes es un concepto que todavía tiene importancia en el mundo actual? ¿Por qué? Citen ejemplos específicos para justificar sus respuestas.

Artistas elocuentes

En un capítulo anterior hemos comentado el impacto del mural de Pablo Picasso, *Guernica*, que llamó la atención al mundo de lo que pasaba en la Guerra Civil de España (1936-39). En este segmento de video Carlos Fuentes emplea las obras de dos artistas—de diferentes períodos y de diferentes continentes—para ilustrar el mensaje que él mismo quiere resaltar: Francisco de Goya (1746-1828), español, pintor de la corte de los Borbones (Carlos III, María Luisa, Carlos IV y su familia), y José Clemente Orozco (1883-1949), mexicano y uno del grupo de muralistas distinguidos como Diego Rivera y David Siqueiros.

Una de las pinturas de Goya que vemos aquí, Saturno grotescamente devorando a su propio hijo, es de la mitología clásica griega. En ese tiempo Goya sufría el aislamiento que impuso su condición de sordo. Esta obra es un fiel reflejo del estado pesimista y deprimido del artista en lo que llaman el período negro. La colección de aguafuertes, *Los caprichos*, también satirizaba los errores y vicios humanos (como, por ejemplo, el famosísimo *El sueño de la razón produce monstruos*).

En las obras de Orozco, como en las de otros muralistas como Rivera y Siqueiros, se nota una apasionada dedicación a los ideales de la Revolución Mexicana (1910-21). En el mural *Prometeo*, realizado en Claremont College (Pomona, California, 1932) el artista también emplea una figura de la mitología clásica como un símbolo de lo que quiere expresar: Prometeo, quien transmite a la humanidad el poder del fuego (la vida, el saber), robándolo a los dioses, acto por lo que tiene que sufrir una eternidad encadenada a la montaña. El mural representa el conflicto social y, a la vez, expresa el heroísmo trágico de Prometeo contra los enemigos del progreso.

1. Mientras Fuentes habla del presente, vemos en el fondo obras de arte del pasado. Escoja una de las obras, busque imágenes en Internet, e indique su posible relación con el presente.

2. ¿Qué necesita contener una obra de arte para hacerla "inmortal"? ¿Se le ocurre alguna otra pintura u obra de arte con tal contenido?

3. Una película de cine también puede comentar algo permanente de la sociedad. ¿Qué películas conoce que hayan pasado "la prueba del tiempo"? ¿Qué características le dan esta permanencia?

NOTAS DE LENGUA

Las lenguas cooficiales de España

No hay una definición exacta de los términos *lengua* y *dialecto*. La realidad lingüística a veces se define con criterios políticos o culturales. Para muchas personas, el término *dialecto* implica menos prestigio que *lengua*, y se ve casi como insulto. Éste es el caso del andaluz: el centro de prestigio en España durante siglos ha sido Madrid, y las hablas del sur (Andalucía) se veían como variantes inferiores, hablas folklóricas que sólo servían para comunicación entre campesinos de la región y para el cante flamenco.

A partir de los 1980, con la presidencia de Felipe González (sevillano), el estatus del andaluz dentro de España ha mejorado. Durante esta época, grupos musicales difundieron la música, la cultura y las hablas de Andalucía, que se pusieron de moda. Los Gypsy Kings, entre otros grupos, internacionalizaron los ritmos y sonidos del andaluz, y hoy este variante del castellano goza de mucho más prestigio que antes.

Como vimos en el capítulo 7, bajo el franquismo se consideraban "dialectos" las otras lenguas del territorio nacional—catalán/valenciano/balear, gallego y vasco. Pero hoy en día estas lenguas han sido reconocidas como lenguas cooficiales en las regiones autónomas donde se hablan. La normalización de estas lenguas, el crecimiento de sus respectivas literaturas, y el uso en los medios de comunicación y en la enseñanza básica han asegurado su futuro como vehículos de expresión. Son señas de identidad importantes para las nuevas autonomías no castellano-parlantes.

Busque las definiciones de los siguientes términos. ¿Qué connotaciones tienen? ¿Son positivas, negativas o neutrales?

1. lenguaje
2. lengua
3. dialecto

Retrato de Francisco de Goya

GRAMÁTICA EN BREVE

A. The imperfect subjunctive in *si* clauses

In sentences describing a condition that is hypothetical or contrary to fact , the conditional is used in the main clause and the imperfect subjunctive in the dependent clause beginning with **si**.

Los españoles **votarían** de otra manera si el futuro econónico del país **estuviera** peor.	*Spaniards would vote differently if the economic future of the country were worse.*

The **si** clause may precede the main clause.

Si el futuro económico del país **estuviera** peor, los españoles **votarían** de otra manera.	*Spaniards would vote differently if the economic future of the country were worse.*

When past conditions are not hypothetical, or when the main verb is in the present or future, the indicative is used in the **si** clause, rather than the subjunctive.

Si lo **comprendí**, es porque lo **explicaron** muy bien.	*If I understood it, it's because they explained it very well.*
Si los lectores no **comprenden** el significado de la alegoría, se lo **explicaremos**.	*If the readers don't understand the meaning of the allegory, we will explain it.*

B. The subjunctive with adverbial clauses

The following conjunctions introduce adverbial clauses. Since they imply an unrealized or hypothetical action in the dependent clause, they require the use of the subjunctive, either present or past, depending on the meaning.

antes (de) que	*before*
a menos que	*unless*
para que	*in order that, so that*
a fin de que	*in order that, so that*
con tal (de) que	*provided that*
en caso de que	*in case*
sin que	*without*

La transición a la democracia ya había empezado **antes de que muriera** Franco en 1975.	*The transition to democracy had already begun before Franco died in 1975.*
Franco permitió que muchos intelectuales se quedaran en el país **con tal de que no cuestionaran** el régimen.	*Franco allowed many intellectuales to stay in the country, provided that they not question the regime.*

The following conjunctions require the subjunctive whenever the action is pending or in the future (even with reference to the past). However, if the action described is an accomplished fact, the indicative is used.

cuando	*when*
tan pronto como	*as soon as*
en cuanto	*as soon as*
después de que	*after*
hasta que	*until*
mientras que	*while*

Después de que lleguen a España las libertades de expresión de otros países, los escritores empezarán a experimentar.	*After the freedoms of expression of other countries arrive in Spain, the writers will begin to experiment.*
Después de que llegaron a España las libertades de expresión de otros países, los escritores empezaron a experimentar.	*After the freedoms of expression of other countries arrived in Spain, the writers began to experiment.*

C. Conjunctions that may take the subjunctive

Several conjunctions require the subjunctive if the action described is uncertain hypothetical, or irrelevant. Conversely, if the action or condition is an established fact, the indicative is used.

Aunque España **esté** en un momento de gran progreso, todavía está en proceso de definir su papel en el mundo actual.	*Although Spain may be in a moment of great progress, it is still in the process of defining its role in today's world.* (Spain may not be in a moment of progress, or it may be irrelevant to the idea of the main clause.)
Aunque España **está** en un momento de gran progreso, todavía está en proceso de definir su papel en el mundo actual.	*Although Spain is in a moment of great progress, it is still in the process of defining its role in today's world.* (There is no doubt that Spain is in a moment of great progress.)

LITERATURA
Contexto histórico

La muerte de Franco en noviembre de 1975 fue seguida por otros eventos que cambiaron la vida de los españoles y afectaron la literatura y las artes del país. En 1977 se dieron las primeras elecciones democráticas, y en 1978 se aprobó la nueva constitución. Aunque hubo algunos momentos de tensión y de duda en los años que siguieron, poco a poco el país se dio cuenta de que la libertad que se sentía en toda España iba a durar y que era verdadera.

Durante los últimos años de la vida de Franco se había visto una tendencia por parte de los escritores a experimentar y a encontrar nuevas formas de expresarse. Cuando Franco murió este impulso continuó. La mayor libertad para los escritores resultó en más experimentación, pero también produjo otros efectos. Cuando cada escritor puede hacer lo que le gusta, muy pronto se ven algunos que quieren volver a escribir en las formas tradicionales o antiguas, y aun otros que prefieren imitar formas extranjeras. Todo esto fue precisamente lo que empezó a pasar en España. Algunos siguieron experimentando, pero muchos otros se fueron en otras direcciones. Se pudo ver pronto una gran pluralidad de modos de escribir en todos los géneros.

El deseo casi obsesivo de muchos españoles de ser incorporados a Europa, por fin resultó en que en 1985 España fue admitida a la Comunidad Económica Europea. Para 1990 se estaba aceptando en el resto de Europa y en los Estados Unidos que la cultura, el arte, las películas, y la literatura de España merecían ser reconocidas por su alta calidad. Madrid, Barcelona y el resto del país se convirtieron en centros indispensables de la alta cultura del continente.

Desde 1990 la literatura española ha seguido expresándose de muchas maneras. Algunos críticos han identificado hasta cinco diferentes generaciones de escritores activos durante los años 1990. Entre éstos hay autores de la generación del '27 que ya eran bien conocidos en 1936 cuando comenzó la guerra civil, y otros muy jóvenes que todavía no habían nacido cuando Franco murió.

Algunas observaciones sobre los últimos años:

Hay escritores que rechazan la originalidad y prefieren escribir literatura muy tradicional y otros que quieren experimentar con nuevas técnicas. Hay muchos que son afectados por la tecnología, por el cine, y por las muchas influencias extranjeras que llegan a España en la televisión y en todos los medios de comunicación.

Las mujeres españolas han avanzado la literatura y el arte a los más altos niveles. Sus obras se admiran en todo el mundo por su altísima calidad y porque presentan ideas y temas que afectan profundamente el bienestar de todas las culturas desde las más desarrolladas hasta las menos privilegiadas. Un gran número de novelas, cuentos y varias antologías de poemas escritos por mujeres se han publicado recientemente y demuestran la importancia de la voz femenina en la literatura española actual.

Entre los escritores que han adquirido importancia en los últimos años, muchos vienen de las partes de España que habían sido rechazadas y marginalizadas por el régimen de Franco. Entre estas regiones están Cataluña, Euskadi (el País Vasco) y Galicia.

En la literatura y en el arte, no siempre es fácil identificar las características y la dirección que definen un período hasta después de que termine. Solamente cuando se le puede ver como algo que ocurrió en el pasado, es posible decir cuáles fueron los elementos más notables. Sin duda dentro de poco se podrá notar la dirección que la literatura española tomará en el siglo XXI, pero lo que ya se puede ver es que hay un entusiasmo innegable en el país que resultará en algo que será reconocido mucho más allá de sus fronteras.

CLAVE LITERARIA
El estilo

La palabra **estilo** viene del latín *stilum*, un instrumento de metal que se usaba antiguamente para escribir en tabletas de cera. Algunas personas usaban más presión que otras cuando lo usaban y el resultado era diferente. Con tiempo la palabra **estilo** comenzó a usarse en la escritura para indicar las características distintivas de lenguaje y expresión que identificaban a la persona que escribía.

En la literatura el estilo no se limita a autores individuales sino que también se puede utilizar para identificar las características que distinguen el modo de escribir de grupos, movimientos literarios, períodos, lugares y otras entidades. Claro que la palabra **estilo** no se usa solamente en la literatura, pues también se puede usar en las artes, en la música, y en muchos otros casos, incluso en la manera de vestirse de muchas personas.

En la literatura el estilo se puede clasificar de muchas maneras: de acuerdo con la manera de escribir de un autor específico, o de un libro famoso.

Es posible decir, por ejemplo, que una persona escribe en un estilo "cervantista" (es decir, similar al estilo de Cervantes) o que se puede notar un estilo similar al de *Lazarillo de Tormes*. A veces se usa un período o un movimiento como base de clasificación, como en el caso de un libro de estilo "renacentista" (es decir, como el del renacimiento), o de una novela "realista". Otra posibilidad es clasificarlo de acuerdo con el modo de escribir que se usa en una profesión y decir, por ejemplo, que es un estilo comercial o legal.

Hay también muchas otras características que se pueden considerar para analizar el estilo, y entre ellas dos de las más importantes son la elección de las palabras y la estructura de las oraciones.

La elección de las palabras (el vocabulario) puede variar mucho. Las palabras pueden ser sencillas o complicadas, elegantes, modernas, arcaicas, coloquiales, científicas, poéticas. Es posible utilizar muchos o pocos adjetivos o verbos. Éstas son sólo unas pocas de las muchas consideraciones que los escritores hacen de acuerdo con los lectores para quienes se intenta la obra.

Al hablar sobre la estructura de las oraciones se puede considerar el orden en que las palabras ocurren y si son largas o cortas, por ejemplo. Las variaciones pueden tener efectos totalmente diferentes en los lectores. Si el orden es el normal que se usa en una conversación, esto permite que la obra se lea relativamente rápido y que los lectores no tengan que considerar varias posibilidades de interpretación. Pero si se altera el orden normal de las palabras, los lectores probablemente tiene que parar la lectura con frecuencia para considerar alternativas de significado. La longitud de las oraciones también tiene efectos similares: las largas son más conversacionales y generalmente llevan a los lectores de una idea a otra lógicamente. Las oraciones cortas, por otra parte, con frecuencia requieren que los lectores hagan las conexiones entre las ideas y esto puede requerir más atención.

Al hablar de estilo siempre es importante considerar que el **contenido** de una obra (lo que se quiere decir) y el **estilo** (la manera en que se dice) están íntimamente relacionados. De acuerdo con algunos escritores muy formales, hay una manera perfecta de expresar una idea y si se altera el lenguaje que se usa para presentarla, esencialmente hay un cambio en la idea y ya no es la misma. Otros escritores no son tan exigentes y ven las alternativas simplemente como oportunidades de expresión.

Sobre la autora

María Tena nació en Madrid en 1953. Es Licenciada en Filosofía y Letras y Derecho. De niña vivió en Irlanda y en Uruguay. En su vida profesional, su interés es trabajar en proyectos culturales y educativos dentro de la administración pública. Ha sido directora del Centro de Investigación y Documentación Educativa. Ha escrito cuentos y novelas. María Tena es un ejemplo excelente de las mujeres que están surgiendo en España por su escritura en el presente.

Este cuento se publicó en 2001 en *Por favor, sea breve*. Se clasifica dentro del género llamado "micro-cuento" o "cuento breve" que ha adquirido gran popularidad recientemente en Latinoamérica y en España.

- -

"Animal" (María Tena)

Encontró el animalito en la calle, sus ojos lo convencieron. Nunca antes había pensado meter a alguien en casa, no estaba dispuesto a cambiar sus costumbres. Esa noche le resultó gracioso verlo en la caja viviendo junto a él. Pero el bicho olía, y encima respiraba, lo cual resultaba irritante. Cuando despertó, los libros estaban tirados, la ropa desordenada y la nevera abierta. Además le seguía por toda la casa, a la ducha, a la cocina y casi al trabajo.

Enseguida se dio cuenta de que le observaba imitando sus gestos. Se sentaba como él, comía igual que él y movía la cabeza de la misma manera que él lo hacía al hablar por teléfono. Aquello le conmovió. Fue entonces cuando empezó a contarle las peleas de la oficina, las broncas del jefe, los éxitos en el mus, sus fracasos en el amor. No había mejor compañero para ver el partido. Fue el principio de una convivencia que duraría años. Nunca se llegó a casar pero fue razonablemente feliz, pues tenía el problema sentimental resuelto.

Cada vez se parecieron más, prácticamente no se les distinguía cuando paseaban por la calle charlando como una pareja cualquiera de ésas que se llevan bien y siempre tienen muchas cosas que decirse.

Bienaventurados.

- -

GUÍA DE LECTURA

meter *to bring in, put inside*
dispuesto *ready, prepared, willing*
costumbres *habits, customs'*
gracioso *amusing, funny*
caja *box*
bicho *creature, critter; bug, insect*
olía *smelled*
tirados *lying around*
nevera *refrigerator*
ducha *shower*
enseguida *at once, immediately*
gestos *gestures, expressions, motions*
conmovió *moved him emotionally*
peleas *fights, arguments, quarrels*
broncas *scoldings, foul moods*
éxitos *successes*
mus *Spanish card game*
fracasos *failures, disappointments*
convivencia *coexistence, life together*
resuelto *resolved*
se parecieron *looked like each other*
charlando *chatting*
que se llevan bien *that get along well*
bienaventurados *lucky/happy ones*

Comentario y discusión

Con algunos compañeros de su clase, discutan estos temas y preguntas.

1. Algunos escritores tienen la habilidad para establecer una comunicación bastante personal con los lectores. Cuando eso ocurre, los lectores sienten que hay una conversación privada entre ellos y la persona que escribe. Esto se logra por medio del uso de un lenguaje sencillo y claro, y también al mencionar detalles que son bastante personales y que uno esperaría normalmente en una conversación pero tal vez menos en un libro. ¿Qué oraciones, palabras y detalles en este cuento le dan un estilo conversacional?

2. A pesar de que este micro-cuento es bastante corto, la autora logra presentarnos una relación muy completa entre el protagonista y el animal. En muy pocas palabras podemos ver cómo se forma toda una relación, desde el primer momento en que el protagonista y el animal se vieron, hasta el momento en que la relación llega a ser inseparable. Al fin sabemos que ha pasado mucho tiempo desde que el protagonista y el animal se conocieron. ¿Pueden ustedes definir los períodos de tiempo que se presentan en cada párrafo? ¿Se le dedica igual espacio a cada parte de la relación? ¿Por qué sí/no?

3. ¿Podemos identificar el sexo del protagonista del cuento? ¿El del animal? ¿Ven ustedes entre los propósitos de este cuento algún comentario sobre la relación entre los sexos en nuestro tiempo? Identifiquen las palabras, frases y oraciones específicas en las que se puede ver este tema.

4. ¿Es posible saber qué tipo de animal es? ¿Cuáles pueden ser algunos propósitos por los que la autora no nos lo dice? Pónganse de acuerdo en su grupo sobre qué animal es, y luego presenten una justificación a la clase.

EN RESUMEN

Escriba un ensayo sobre esta pregunta:
¿Cuáles son los cambios en España desde la muerte del dictador Francisco Franco?

SPANISH-ENGLISH GLOSSARY

This glossary contains all of the vocabulary that appears in the video series El espejo enterrado, with the following exceptions: (1) most close or identical cognates, (2) conjugated verb forms (only infinitives are listed here), (3) diminutives in **-ito/a**, and (4) most adverbs ending in **-mente** (if the corresponding adjective is listed here). *Definitions in this list are based on usage in the context of the video narration.*

Stem changes and spelling changes are indicated in parentheses following the infinitive: **dormir (ue, u); llegar (gu); seguir (i, i); tocar (qu); huir (y).** Irregular verbs such as **ir** and **ser** are described as **irreg.**

The gender of masculine nouns ending in **-o** and feminine nouns ending in **-a** is not indicated. However, if a masculine noun in **-o** has a feminine variant in **-a** the noun is listed thus: **enemigo /a**. The gender of other nouns is indicated with **m.** or **f.**, or with both in the case of one form with both genders, such as **artista m., f.** Adjectives ending in **-o** in the masculine singular are listed only in the singular form: **vivo /a**. Adjectives and nouns that become feminine by adding **-a** to the masculine noun form are indicated with **(a)**, e.g. **administrador(a)**.

Following the new rules of the Real Academia de la Lengua, the letters **ch** and **ll** are alphabetized just as in English glossaries.

Entries that are followed by Carlos Fuentes' name in parentheses are words coined by him during the development of the video program.

The following abbreviations are used:

adj.	adjective	*irreg.*	irregular
adv.	adverb	*L.A.*	Latin American
Arab.	Arabic	*m.*	masculine
aux.	auxiliary	*n.*	noun
f.	feminine	*pl.*	plural
geog.	geographical term	*p.p.*	past participle
inf.	infinitive	*prep.*	preposition
invar.	invariable	*sing.*	singular

A

abad m. *abbot*
abajeño/a *lowlander*
abajo *below, down*
abarcar (qu) *to cover, include*
abierto/a p.p. *open*
abismo *abyss*
abocado a *verging on*
abolir *to abolish*
aborigen m., f. *native, aborigine*
abrazar (c) *to embrace*
abrigar (gu) *to shelter*
abrigo *shelter; coat*
abrir *to open*
abrumador(a) *overwhelming*
abuelo/a *grandfather/ grandmother*
acabar *to finish*

acabar de + inf. *to have just (done something)*
acarrear *to carry, transport*
acaso *perhaps, possibly* **por si acaso** *if by chance*
accidentado/a *troubled; uneven*
acelerar *to accelerate, hasten*
acerca de *about*
acercarse (qu) *to approach*
acero *steel*
achicar (qu) *to diminish*
aclamar *to acclaim*
aclararse *to explain (oneself)*
acompañar *to accompany*
acontecer (zc) *to happen*
acontecimiento *event, happening*
acordar (ue) *to agree*
acordarse (ue) de *to remember*

acortar *to shorten, reduce*
actitud f. *attitude*
actual *Contemporary*
actuar (ú) *to act*
acueducto *aqueduct*
acuerdo *agreement*
acumular *to accumulate*
acurrucarse (qu) *to curl up*
adecuado /a *adequate*
adelante *forward*
además *furthermore*
adherir (ie, i) *to adhere*
administrador(a) *administrator*
adolescencia *adolescence*
adolescente n. m., f.; adj. *adolescent*
¿adónde? *(to) where?*
adondequiera *wherever*

adorar *to worship*
adormilarse *to get drowsy*
adornar *to decorate*
adquirir (ie, i) *to acquire*
advenimiento *coming, arrival*
advertencia *warning, advice*
advertir (ie, i) *to advise, warn*
aéreo /a adj. *air*
aeroplano *airplane*
afán m. *desire; fervor*
afligir (j) *to afflict*
afortunado /a *fortunate*
africano /a *African*
afroantillano /a *Afro-Antillean (of African origin living in West Indies)*
afrocubano /a *Afro-Cuban*
agitar(se) *to become agitated*

agónico /a moribund

agradecer (zc) to thank, appreciate

agradecido /a thankful

agredir to assault; to insult

agrícola m., f. agricultural

agricultor(a) farmer

agricultura agriculture

agropecuario /a pertaining to land and cattle

agrupar to group together

agua f. (but: el agua) water

águila f. (but: el águila) eagle

ahí there

ahora now

ahorcar (qu) to hang (someone)

ahorros savings

aire m. air

aislamiento isolation

aislar to isolate

ajedrez m. chess

ajeno /a foreign: of other people

ala f. (but: el ala) wing

alambrado /a fenced (wire)

alambre m. wire

albañil m. mason

albergar (gu) to lodge

alcanzar (c) to attain, reach

aldea village

alegar (gu) to allege

alegre happy

alegría happiness

alerta alert

algo something

algodón m. cotton

algún, alguno /a some

aliado /a ally; allied

alianza alliance

alimentar to feed

alimento food

alineado /a aligned

aliviar to alleviate, reduce

alivio relief

alma m. soul

alrededor around

altar m. altar

alternativo alternative

altiplano high plateau

alto /a high, tall, deep

altura height

allá there

allí there

ama f. (but: el ama) mistress

amanecer (zc) to wake up; to dawn

amante m., f. lover

amar to love

amargo /a bitter

amarillo /a yellow

amasar to knead

ambición f. ambition

ambicionar to strive after

ambiente m. environment

ambigüedad f. ambiguity

ambivalente ambivalent

ambos /a s both

amenaza threat

amenazante threatening

amenazar (c) to threaten

americano /a American

amigo /a friend

amo master

amor m. love

amortizar (c) to amortize

amplio /a ample, wide

analfabeto /a illiterate

anarquía anarchy

ancho /a broad, wide

anciano /a ancient; former

anclar to anchor

andaluz Andalusian

andante walking

andar irreg. to walk

ángel m. angel

angloamericano /a Angloamerican

anglosajón (anglosajona) Anglosaxon, "anglo"

ángulo angle

angustia worry, anguish

angustiado /a worried

anhelo longing, desire

anillo ring

animal m. animal

animar to animate

aniversario anniversary

anonimidad f. anonymity

anónimo /a anonymous

ansioso /a anxious, worried

antagonista m., f. antagonist

antaño adv. of yore

ante before, facing

antecesor(a) predecessor

antepasado /a ancestor

anterior previous

antes before

antigüedad f. antiquity, antique

antiguo /a n. very old person
    adj. ancient; former

antorcha torch

anunciar to announce

añadir to add

año year

aparecer (zc) to appear

aparente apparent

aparición f. appearance

apariencia appearance, looks

aparte adv. apart, separated

apasionado /a passionate

apenas barely, scarcely

aplacar (qu) to placate

aplauso applause

aplicar (qu) to apply

apoderarse (de) to gain power of

apogeo height (of power)

aportar to contribute

aporte m. contribution

apóstol m. apostle

apoyar to support

apoyo support

apreciar to appreciate

aprender to learn

aprobación f. approval

aprobar (ue) to approve; to pass an exam

aprobatorio /a approving

apropiado /a proper

aprovechar to take advantage of

aproximado /a approximate

aproximarse to draw near, approach

apuntar to point

aquel, aquella adj. that

aquello that, that thing

aquí here

árabe n. m., f. Arab

arar to plow

araucano /a Araucanian (Indian)

árbitro arbiter, referee

árbol tree

arcabuz m. crossbow

arco arch; bow

archivo archive, file

arder to burn

ardiente burning

arduo /a arduous, difficult

área f. (but: el área) area

arena sand

argamasa mortar

árido /a arid, dry

aristocracia aristocracy

aristócrata m., f. aristocrat

arma f. (but: el arma) arm, weapon

armado /a armed

armar to arm

armario closet

arquitecto /a architect

arquitectónico /a arquitectural

arrancar (qu) to pull up; to take forcibly

arrastrar to drag

arreglar to fix, repair

arriba up

arribo arrival

arriesgado /a risky

arriesgar (gu) to risk

arrinconado /a cornered

arrogancia arrogance

arrojar to throw

arruinar to ruin

arte m., f. art

artesanía handicrafts

artesano /a craftsman

artillería artillery

artista m., f. artist

artístico /a artistic

asalariado /a salaried

asamblea assembly

ascendencia ancestry

ascender (ie) to ascend

ascendiente ascending

ascenso ascent

asegurar to ensure

asesinar to assassinate

así so, thus

asilo asylum

asimilar to assimilate

asistir to attend

asociación association

asombrar to astonish

asombro astonishment

asombroso /a astonishing

aspecto appearance

aspiración f. aspiration

astronomía astronomy

astrónomo /a astronomer

astucia astuteness

astuto /a astute

asumir to assume

asunto matter, business

asustar to frighten

atacar (qu) to attack

ataque m. *attack*

atar *to tie, bind*

ataviar *to dress, adorn*

atavístico /a *atavistic*

atención f. *attention*

atento *attempt*

aterrador(a) *terrible, frightening*

atmósfera *atmosphere*

atormentar *to torment*

atraer (irreg.) *to attract*

atrás *behind*

atreverse (a) *to dare*

atrincherar *to entrench*

atrocidad f. *atrocity*

atún m. *tuna*

audacia *boldness*

audaz *bold, daring*

auditorio *audience; auditorium*

augurio *omen, sign*

aumentar *to increase, augment*

aumento *increase*

aún *still, yet*

aunque *even though, even if*

aurífero /a *gold-bearing*

ausencia *absence*

austríaco /a *Austrian*

auténtico /a *authentic*

autoconocimiento *self-knowledge*

autodescubrimiento *self-discovery*

autodeterminación f. *self-determination*

autogobierno *self-government*

autonomía *autonomous region*

autónomo /a *autonomous*

autor(a) *author*

autoridad f. *authority*

autoritario /a *authoritarian*

autorizar (c) *to authorize*

avanzar (c) *to advance*

aventura *adventure*

ayer *yesterday*

aymará *Andean Indian language and people*

ayuda *help, aid*

azar m. *chance*

azotar *to beat*

azote m. *whip*

azteca n. m., f. *Aztec*

azúcar m. *sugar*

azucarero /a adj. *sugar (industry)*

B

bahía *bay*

bailador(a) *dancer*

bailar *to dance*

baile m. *dance*

bajo prep. *beneath*

bálaka (Arab.) *blessing*

balance m. *balance*

balanza *scale*

balcón m. *balcony*

balsa *raft*

baluarte m. *bulwark, bastion*

bancario /a *banking*

banco *bank*

bandera *flag*

bandido /a *bandit*

bandolero /a *highwayman, outlaw*

barato /a *cheap*

barba *beard; chin*

barbado /a *bearded*

barbarie f. *barbarism*

bárbaro /a *barbarian*

barco *boat*

barrenado /a *scuttled (boat)*

barrera *barrier*

barriada *suburb, quarter*

barrio *suburb, quarter*

barro *clay*

barroco /a *Baroque*

basarse en *to be based on*

base f. *base*

básico /a *basic*

bastar *to be enough*

bastión m. *bastion*

batalla *battle*

batallón m. *battalion*

bautismo *baptism*

bautizar (c) *to baptize*

bayoneta *bayonet*

bebedor(a) *drinker*

beber *to drink*

bebida *drink*

belga *Belgian*

beligerancia *belligerence*

belleza *beauty*

bello /a *beautiful*

bendición f. *blessing*

beneficio *benefit*

beneficioso /a *beneficial*

benévolo /a *benevolent*

berberí m., f. *Berber*

bestia *beast*

biblia *Bible*

biblioteca *library*

bibliotecario /a *librarian*

bien *well*

bienvenido /a *welcome*

bífido /a *forked, cleft*

biografía *biography*

bisabuelo /a *great-grandfather/great-grandmother*

blanco /a *white*

blandir *to brandish*

boca *mouth*

bomba *pump; bomb*

bombardear *to bomb*

bombardeo *bombing, bombardment*

bombardero /a *bomber*

bonaerense m., f., adj. *of Buenos Aires*

bordar *to embroider*

borde *border, margin*

borrar *to erase*

bosque m. *forest*

botafumeiro *censer (for incense)*

botella *bottle*

botín m. *booty*

bravo /a *brave, fierce*

brazo *arm*

breve *brief*

brigada *brigade*

brillante *brilliant*

británico /a *British*

bronce *bronze*

bruto /a *brute, stupid, coarse*

brutal *brutal*

bucanero *buccaneer*

bueno /a *good*

burdel m. *brothel*

burlarse (de) *to make fun of*

burocracia *bureaucracy*

buscar (qu) *to search*

búsqueda *search*

C

cabal *exact, right; perfect*

cabalgata *cavalcade*

caballería *chivalry; cavalry*

caballero *gentleman*

caballo *horse*

cabecilla m. *chieftain, leader*

caber irreg. *to fit*

cabeza *head*

cabo *end; (geog.) cape*

cacao *cocoa*

cacique m. *chieftain; leader*

cachorro /a *pup; cub*

cada *each*

cadáver m. *corpse, cadaver*

cadena *chain*

caduco /a *decrepit, senile*

caer irreg. *to fall*

café m. *coffee; café*

caída *fall*

calendario *calendar*

cálido /a *hot*

caliente *hot*

caligrafía *calligraphy*

calor m. *heat*

calumniar *to slander*

calzado /a *shod, wearing shoes*

calle f. *street*

callejón m. *alley, narrow street*

cámara *chamber, room; camera*

cambiante *changing*

cambiar *to change*

cambio *change*

caminar *to walk*

camino *road, way*

camisa *shirt*

campamento *encampment*

campana *bell*

campaña *campaign*

campesino /a *peasant, farmer*

campo *field*

canción f. *song*

cangrejo /a *crab*

canjear *to exchange*

cañón m. *cannon*

cañonero /a *cannoneer*

cansado /a *tired*

cansancio *weariness*

cantante m., f. *singer*

cantar *to sing*

cante m. *(folk)song*

canto *song*

caña *cane*

caos m. *chaos*

caótico /a *chaotic*

capa *layer; cape*

capacidad f. *capacity*

capataz m. *foreman*

capaz *capable*

capilla *chapel*

capital f. *capital (city)*

capital m. *capital (money)*

capitalizar (c) *to capitalize*

capitán m. *captain*

capítulo *chapter*

capricho *whim, caprice*

capturar *to capture*

cara *face*

caracol m. *snail*

caracterizar (c) *to characterize*

¡carajo! *(go to) hell*

caravana *caravan*

caravela *small sailing ship*
cárcel f. *jail*
carecer (zc) *to lack*
carga *charge, load*
cargado /a *loaded*
cargar (gu) *to bear, carry*
carnaval m. *carnival*
carne f. *meat*
carreta *cart*
carretera *road*
carroza *coach, carriage*
carruaje m. *carriage*
carta *letter*
cartaginense *Carthaginian*
cartografía *map-making*
cartón m. *carton, cardboard*
casa *house*
casado /a *married*
casarse *to get married*
casi *almost*
caso *case*
castellano *Castillian (language)*
castigar (gu) *to punish*
castillo *castle*
casto /a *chaste, pure*
castrar *to castrate*
catalizador m. *catalyst*
catarata *cataract*
catástrofe f. *catastrophe, disaster*
catedral f. *cathedral*
catolicismo *Catholicism*
católico /a *Catholic*
caudillo *leader, chief*
causa *cause*
causar *to cause*
cauteloso /a *cautious*
cazador(a) *hunter*
ceiba *silk-cotton tree*
celda *cell*
celebración f. *celebration*
celebrar *to celebrate*
celebratorio /a *celebratory*
celestial *ceslestial*
celoso /a *jealous*
celta n. m., f.; adj. *Celt*
cementerio *cemetery*
cena *dinner*
ceniza *ash*
censura *censure; censorship*
centenario /a *hundred-year-old*
centinela m., f. *centinel*
centralista m., f. *centralist*
centralizador(a) *centralizing*
centro *center*

centurión m. *centurion*
cerca *near*
cercano /a *nearby*
ceremonia *ceremony*
ceremonial *ceremonial*
cerrado /a *closed*
certeza *certainty*
certidumbre f. *certainty*
cesar *to stop*
chamuscar (qu) *to singe, scorch*
charro *Mexican cowboy*
chileno /a *Chilean*
chino /a *Chinese*
chivo /a *goat*
chopo *poplar*
choque m. *wreck*
cicatriz f. *scar*
ciego /a *blind*
cielo *sky; heaven*
ciencia *science*
científico /a *scientist*
cierto /a *true, certain*
cima *summit*
cimarrón m. *runaway, fugitive*
cimentar (ie) *to lay foundations*
cinco *five*
cincuenta *fifty*
cine m. *movie theatre*
circundante *surrounding*
circundar *to surround*
cirio *wax candle*
cita *date, appointment*
citadino /a *city dweller*
ciudad f. *city*
ciudad fortaleza *city-fortress*
ciudadano /a *citizen*
ciudadela *citadel, fortress*
civil *civil*
civilización f. *civilization*
civilizador(a) *civilizing*
claro/ s *clear; sure*
clase f. *class*
clásico /a *classic*
clasista m., f. *classicist*
clave adj. *key, important*
clemencia *clemency*
clerecía *clergy*
clero *clergy(man)*
coalición f. *coalition*
coca *coca (leaves)*
cocina *kitchen; stove*
codear *to elbow, jostle*
códice m. *codex*
codicioso /a *greedy, covetous*

código *code*
cofradía *fraternity, guild*
colegio *secondary school*
cólera *cholera*
colina *hill*
colmena *beehive*
colmenar m. *apiary*
colocar (qu) *to locate, place*
coloniaje m. *colonization*
colorado /a *colored; red*
colorido *color, coloring*
comandante m., f. *commander*
comenzar (ie) (c) *to begin*
comer *to eat*
comerciante m., f. *merchant*
comerciar *to trade*
cometa m. *comet*
cometer *to commit*
comida *food*
comitiva *committee*
como *as*
¿cómo? *how*
cómodo /a *comfortable*
compañía *company*
compararse *to compare*
compartir *to share*
compasivo /a *compassionate*
compatriota m., f. *fellow-citizen*
complaciente *accommodating*
complejo /a *complex*
comportarse *to behave*
comprender *to understand*
comprometer *to commit; to compromise*
comprometido /a *engaged*
compromiso *compromise; engagement; commitment*
común *common*
comunicado /a *connected*
con *with*
concebible *conceivable*
concebidor(a) *(Fuentes) conceiver*
concebir (i, i) *to conceive*
concernir (ie, i) *to concern*
consciente *conscious*
conciliar *to reconcile*
concluir (y) *to conclude*
concordia *agreement*
condenado /a *condemned*
condenar *to condemn*
condición f. *condition*
conducir (zc) *to conduct; to drive*
conexión f. *connection*
confesar (ie) *to confess*
confianza *confidence*

confundir *to confuse*
conjunto *group*
conmemorado /a *commemorated*
cono *cone*
conocer (zc) *to know*
conquista *conquest*
conquistar *to conquer*
consciente *conscious*
conseguir (i, i) (g) *to obtain, get*
consejero /a *advisor*
consejo *advice*
conservador(a) *conservative*
consigo *with you/ him/ her/ them*
consistir *to consist*
consolación f. *colsolation*
consolidar *to consolidate*
consorte m., f. *spouse*
constelación f. *constellation*
constituir (y) *to constitute*
construcción f. *construction*
construir (y) *to construct*
consuelo *consolation*
consumista n. m., f.; adj. *consumer*
consumo *consumption*
contar (ue) *to count; to tell*
contemplar *to contemplate*
contemporáneo /a *contemporary*
contendiente m., f. *contender*
contener (ie) (g) *to contain*
contenido sing. *contents*
contestar *to answer*
continente m. *continent*
continuar (ú) *to continue*
continuidad f. *continuity*
continuo /a *continuous*
contra prep. *against*
contribuir (y) *to contribute*
convencer (z) *to convince*
convención f. *convention*
converso /a *converted*
convertir (ie, i) *to convert*
copiar *to copy*
coraje m. *courage; anger*
corazón m. *heart*
cordillera *mountain range*
coreano /a *Korean*
corintiano /a *Corinthian*
corneado /a *horned*
cornear *to gore*
corneta *cornet*
corona *crown*
coronación f. *coronation*
corregir (i, i) (j) *to correct*
corresponder *to correspond*

corrida *race*
corrida de toros *bullfight*
corrido *Mexican folk ballad*
corriente *current; cheap*
corrupción f. *corruption*
corrupto /a *corrupt*
corsario /a *pirate*
corte f. *court*
cortesano /a *courtier*
cosa *thing*
costa *coast; cost*
costeño /a *coastal*
costilla *rib*
costumbre f. *custom*
creación f. *creation*
creador(a) *creator*
crear *to create*
crecer (zc) *to grow*
creciente *growing*
crecimiento *growth*
credenciales f. pl. *credentials*
crédito *credit*
credo *creed*
creencia *belief*
creer (y) *to believe*
crepuscular adj. *twilight*
crepúsculo n. *twilight*
criado /a n. *servant*
  adj. *raised*
criatura *creature; infant*
criollo /a *creole (Spaniard born in
  the New World)*
crisis f. *crisis*
crisol m. *melting pot, crucible*
cristal m. *crystal (glass)*
cristiandad f. *Christianity*
cristianismo *Christianity*
cristianizado /a *christianized*
cristiano /a *Christian*
criterio *criterion*
crítica *criticism*
criticar (qu) *to criticize*
crítico /a *critical*
cronista n. m., f. *chronicler*
cruce m. *intersection, crossroad*
crucificar (qu) *to crucify*
cruz f. *cross*
cruzar (c) *to cross*
cuadro *painting; square*
¿cuál? *which?*
cualidad *quality*
cualquier(a) *any*
¿cuándo? *when?*
¿cuánto? *how much?*
cuarenta *forty*

cuarto *room; fourth*
cuatro *four*
cuatrocientos *four hundred*
cubano /a *Cuban*
cubierto /a *covered*
cubista n. m., f.; adj. *cubist*
cubrir *to cover*
cuchara *spoon*
cuenta *bill*
cuento *story*
cuerda *rope, cord*
cuerpo *body*
cuestión f. *matter, question (of)*
cuestionamiento *(Fuentes)
  questioning*
cuestionante adj. *questioning*
cuestionante n. *(Fuentes)
  questioner*
cueva *cave*
cuidado *care*
cuidar *to take care of*
culminar *to culminate*
culpa *fault, blame*
culpar *to blame*
cultivo *cultivation*
culto *worship*
cultura *culture*
cumbre f. *peak, summit*
cumplir *to fulfill*
cuota *quota*
curiosidad f. *curiosity*
cúspide f. *peak, summit*

D

dama *lady*
danzante m. *dancer*
dañar *to damage, harm*
daño *harm, hurt, injury*
dar irreg. *to give*
datos m. pl. *data, information*
de (pl. des) *the letter "d"*
de *of*
debatir *to debate*
deber *must, should; to owe*
debido a *due to*
débil *weak*
debilitar *to weaken*
decena *group of ten*
decir irreg. *to say, tell*
dedo *finger*
defender (ie) *to defend*
defensor(a) *defender*
definirse *to be defined*
deidad f. *deity*
dejar *to leave; allow*

dejarse *to allow oneself (to)*
delicia *delight*
demagogo *demagogue*
demandar *to sue; to demand*
demás: los/las demás *the rest*
demasiado adv. *too much*
demonio *devil*
demostrar (ue) *to demonstrate*
dentro de *inside, within*
denunciar *to denounce*
dependencia *dependency*
deponer irreg. *to depose*
depositar *to deposit*
derecho /a adj. *right*
derecho adv. *straight (ahead)*
derecho n. *law*
derivar *to derive*
derramar *to shed, spill*
derretirse (i, i) *to melt*
derrocar (qu) *to overthrow*
derrochar *to squander, waste*
derrota *defeat, rout*
derrotar *to defeat, overthrow*
derrumbar *to throw or knock down*
derrumbarse *to crash down*
desafiar (í) *to challenge*
desafío *challenge*
desamparado /a *defenseless,
  abandoned*
desaparecido /a *disappeared*
desarrollar *to develop*
desarrollo *development*
desastre m. *disaster*
desastroso /a *disastrous*
desatar *to unleash*
descansar *to rest*
descanso *rest*
descendiente m., f. *descendant*
descubrimiento *discovery*
descubrir *to discover*
desde *since*
desdén m. *disdain*
desdeñoso /a *disdainful*
desdicha *misfortune*
desdichado /a *unhappy*
desear *to desire*
desembarcar (qu) *to disembark*
desempeñar *to carry out*
desempleo *unemployment*
desenmascarar *to unmask*
desenterrar (ie) *to unearth*
desenvolver (ue) *to unwrap,
  unwind*
deseo *desire*
desesperadamente *desperately*

desesperanza *despair*
desfile m. *parade*
desgracia *disgrace, misfortune*
desigualdad f. *inequality*
desmontar *to dismount*
desnudo /a *naked*
despedazado /a *smashed,
  shattered*
despertarse (ie) *to wake up*
despiadado /a *merciless*
desplazar (c) *to displace*
desplegarse (ie) (gu) *to unfold*
despliegue m. *fold*
despojar *to strip, despoil*
desposeído /a *dispossessed*
despreciar *to deprecate, scorn*
después (de) *after*
destacarse (qu) *to stand out*
desterrar (ie) *to exile*
destino *fate, destiny*
destreza *skill*
destruir (y) *to destroy*
detener irreg. *to arrest, detain*
detenerse irreg. *to stop*
detrás de *behind*
deuda f. *debt*
día m. *day*
diario n. *(daily) newspaper*
  adj., adv. *daily*
dictadura *dictatorship*
dicho *saying*
dichoso /a *happy*
diecinueve *nineteen*
dieciochesco /a *relating to the
  eighteenth century*
dieciséis *sixteen*
diez *ten*
diezmar *to decimate; to pay tithe*
diezmo *tithe*
digno /a *worthy*
diluvio *deluge, flood*
dinero *money*
dios(a) *god (goddess)*
dirigente *directing, leading*
dirigir (j) *to direct*
discernir (ie, i) *to discern*
disco *record; disk*
discurso *speech; discourse*
discutir *to discuss; to argue*
diseñar *to design*
diseño *design*
disfrazar (c) *to disguise*
disminuido /a *diminished*
disoluto /a *dissolute*
disparar *to fire (a shot)*

dispuesto /a *disposed, willing*
divertido /a *fun*
divertirse (ie, i) *to have fun*
divisar *to make out, distinguish*
doblar *to fold; to double*
doce *twelve*
dólar m. *dollar*
doler (ue) *to ache, hurt*
dolor m. *pain*
domar *to tame, domesticate*
domesticar (qu) *to domesticate, tame*
don (doña) *title of respect before male (female) first name*
doncella *girl*
¿dónde? *where?*
Dorado /a *golden*
dormir (ue, u) *to sleep*
dosis f. *dose*
dotado /a *gifted*
dramaturgo /a *playwright*
duda *doubt*
dudar *to doubt*
dueño /a *owner*
dulce *sweet*
duradero /a *lasting*
durante *during*
durar *to last*
duro /a *hard, difficult*

E

ecuación f. *equation*
echar *to throw (out)*
edad f. *age*
edificio *building*
ejecutar *to execute, carry out*
ejercer (z) *to exercise*
ejercicio *exercise*
ejército *army*
él *he*
electrizar (c) *to electrify*
elegir (i, i) *to elect, choose*
elenco *catalogue, list*
elogio *eulogy, praise*
ella *she*
ello *it, that*
embajada *embassy*
embajador(a) *ambassador*
embargante *embarking*
embargo: sin embargo *nevertheless*
embelesar *to delight, enchant*
embestir (i, i) *to attack, charge*
emborracharse *to get drunk*
emboscada *ambush*
empalar *to impale*

empalizar (c) *to stockade*
empañar *to cloud, steam up*
empeñar *to pledge, dedicate*
emperador (emperatriz) *emperor (empress)*
empezar (ie) (c) *to begin*
empleado /a *employee*
empleador(a) *employer*
empleo *job, employment*
emplumado /a *feathered*
emprender *to undertake*
empresa *company, enterprise*
empresario /a *businessman/woman*
empujar *to push*
en *in, into; on*
enamorarse *to fall in love*
enano /a *dwarf*
encabezar (c) *to head*
encadenar *to link, chain together*
encaminar *to head toward*
encarcelar *to imprison*
encargarse de (gu) *to take charge of*
encerrar (ie) *to shut up, enclose*
encima (de) *on top (of)*
enclaustrar *to cloister, shut up*
encomienda *colonial estate*
encontrar (ue) *to find, encounter*
encuentro m. *encounter, meeting*
endeudado /a *indebted*
enemigo /a *enemy*
enérgico /a *energetic*
enero *January*
énfasis m. *emphasis*
enfermedad f. *illness*
enfocar (qu) *to focus*
enfrentarse a *to face, confront*
engañar *to deceive*
engaño *deceit*
engañoso /a *deceitful*
enigmático /a *enigmatic*
enloquecer (zc) *to drive crazy*
enmascarar *to mask*
enriquecer (zc) *to enrich*
ensamblado /a *assembled*
ensanchar *to broaden, enlarge*
ensayar *to try, practice, rehearse*
ensayo *essay*
enseguida *at once, right away*
enseñar *to teach*
ensombrecido /a *darkened*
entender (ie) *to understand*
entendido /a *understood*
enterarse de *to become aware of,*

find out about
enterrar (ie) *to bury*
entonces *then*
entrada *entrance, entry*
entrambos *both*
entraña *entrails; feeling*
entre *between*
entrecruzar (c) *to intertwine*
entregar (gu) *to turn in, hand over*
entrelazar (c) *to interlace*
entrevistar *to interview*
entrometido /a *meddlesome, interfering*
envenenar *to poison*
enviar (í) *to send*
envidia *envy*
envuelto /a *wrapped*
épica *epic poetry*
epopeya *epic (literary genre)*
equidad f. *equity, fairness*
equilibrio *equilibrium, balance*
equipaje m. *baggage, luggage*
equivalencia *equivalency*
erigir *to erect, raise*
escalera *ladder, stairs*
escalón m. *step*
escaso /a *scarce*
escenario *stage; setting*
esclavitud f. *slavery*
esclavo /a *slave*
escoger (j) *to choose, select*
esconder *to hide*
escribir *to write*
escritor(a) *writer*
escritura *writing*
escuchar *to listen*
escudo *shield*
escuela *school*
escultor(a) *sculptor*
escultura *sculpture*
escupir *to spit*
ese /a *that*
eso *that, that thing*
espacio *space*
espada *sword*
espalda *back*
especialidad f. *specialty*
especialmente *especially*
especie f. *species; kind*
espectro /a *specter, ghost*
espejo *mirror*
esperanza *hope*
esperar *to hope; wait for*
espía m., f. *spy*
espíritu m. *spirit*

esponjoso /a *spongy*
esposo /a *husband / wife*
esqueleto *skeleton*
esquina *corner*
establecer (zc) *to establish*
estadista m., f. *statesman; statistician*
estado nación n. *nation-state*
estallar *to explode; to break out (war)*
estancia *stay*
estandarte m. *standard, banner*
estaño *tin*
estar irreg. *to be*
estatua *statue*
estatuilla *figurine*
estatuto *statute*
este /a *this*
estilo *style*
estival, estivo adj. *summer*
esto *this, this thing*
estrecho n. *strait*
estrella *star*
estrepitoso /a *noisy*
estuka m. *stuka (Nazi war plane)*
etapa *stage, phase*
eternidad f. *eternity*
eterno /a *eternal*
ético /a *ethical*
étnico /a *ethnic*
eufemismo *euphemism*
euforia *euphoria*
evadir *to evade*
evitar *to avoid*
exaltante *exalting, elating*
excitante *stimulating*
excitar *to arouse, excite*
excluir (y) *to exclude*
exigencia *(pressing) demand*
exigir (j) *to demand*
éxito *success*
explotar *to exploit*
exponer irreg. *to expose*
expulsar *to expel*
extender (ie) *to extend*
extranjero /a *foreigner*

F

fábrica *factory*
fabricar (qu) *to manufacture*
fabuloso /a *fabulous*
fácil *easy*
fachada *facade*
falda *skirt*
falta *lack*

falla *defect, fault*
fallido /a *vain, frustrated*
familiar n. m., f. *relative; adj. family*
fanfarrón (fanfarrona) *braggart*
fantasma m. *ghost*
fase f. *phase*
favorecer (zc) *to favor*
fe f. *faith*
fecha *date*
feliz *happy*
fenicio /a *Phoenician*
fenómeno *phenomenon*
feroz *ferocious, fierce*
ferrocarril m. *railroad*
fiebre f. *fever*
fiel *faithful*
fiera *beast*
fiesta *party*
figuración f. *imagination*
fijar *to fix, notice*
fin m. *end*
financiero /a adj. *financial*
firmar *to sign*
firmemente *firmly*
flamenco /a *flamenco; Flemish*
flor f. *flower*
florecer (zc) *to flourish, flower*
floreciente *flourishing*
florido /a *flowery*
flota, flotilla *fleet*
flotante *floating*
fluir (y) *to flow*
flujo *flow, flux*
fogoso /a *fiery, spirited*
follón (follona) *lazy, cowardly*
fondo *bottom*
formular *to formulate*
fortalecerse (zc) *to fortify, strengthen oneself*
fortaleza *fortress, fort*
fracasar *to fail*
fracaso *failure*
fraile m. *friar*
francés m *French (language)*
francés (francesa) adj. *French*
frenesí m. *frenzy*
frente f. *forehead; front*
frente a *facing*
frío /a adj. *cold*
frío n. *cold*
frontera *border*
fronterizo /a adj. *frontier*
fuego *fire*
fuente f. *source; fountain*

fuera *outside*
fuero *law; court of law*
fuerte *strong*
fuerza *force; strength*
fumar *to smoke*
funcionario /a *bureaucrat*
fundar *to found*
fundir *to cast, smelt*
fusilamiento *shooting*
fusilar *to shoot*

G

galantería *gallantry*
galardón m. *reward, prize*
galope m. *gallop*
ganadero /a *pertaining to cattle*
ganar *to earn; to gain; to win*
gárgola *gargoyle*
garrote m. *club; garrote*
gaucho *Argentine cowboy*
gemelo /a *twin*
género *gender, kind*
genésico /a *genetic*
genio *temperament; genius*
gente f. *people*
germánico /a *Germanic*
gestar *to create*
gigante /a n. *giant*
gitano /a n. m., f.; adj. *gypsy*
gobernante n. m., f. *ruler, governor* adj. *ruling, governing*
gobernar (ie) *to govern*
gobierno *government*
godo /a *Gothic*
golfo *gulf*
golpe m. *blow, strike, hit*
gorra *cap*
gótico /a *Gothic*
goyesco /a *Goyesque*
gozar (c) *to enjoy*
grabado *engraving*
gracia *grace; wit*
gracias *thank you*
grado *degree*
grafito *graphite*
granadero *grenadier*
grande *large; famous*
grandeza *grandeur*
granja *farm*
gravedad f. *gravity*
griego /a *Greek*
gringo /a *U.S. citizen*
gritar *to shout, scream*
grito *cry*

grupo *group*
guapo /a *handsome*
guardar *to keep, guard*
guardia *guard*
guarnición f. *garrison; adornment*
gubernamental *governmental*
guerra *war*
guerrero /a *warrior*
guerrillero *guerrilla fighter*
guía m., f. *guide (person)* f. *guide, index*
guiar (í) *to guide*
guionista m., f. *screenwriter*
gustar *to be pleasing*
gusto *pleasure; taste*

H

haber irreg. *to have (aux. verb)*
hábil *skillful, clever*
habilidad f. *ability*
habitado /a *inhabited*
habitante m., f. *inhabitant*
habitar *to inhabit*
habla (but: el habla) *language*
hablar *to speak*
hacer irreg. *to do; to make*
hacia *toward*
hacienda *ranch*
hallar *to find*
hambre f. (but: el hambre) *hunger*
hasta *(up) to, until*
hebreo /a *Hebrew*
hechizar (c) *to enchant, bewitch*
hechizo *enchantment*
hecho *deed, fact*
hedor m. *stench*
helar (ie) *to freeze*
herbolario *herbalist's shop; herbalist*
heredar *to inherit*
heredero /a *inheritor, heir*
hereje m., f. *heretic*
herejía *heresy*
herencia *inheritance*
herir (ie, i) *to wound*
hermandad f. *brotherhood*
hermano /a *brother/ sister*
hermoso /a *beautiful*
híbrido /a *hybrid*
hidalgo /a *nobleman/ woman*
hidalguía *nobility*
hielo *ice*
hijo /a *son/ daughter*
hipocresía *hypocrisy*
hispanidad f. *Hispanic world*

hispanoamericano /a *Spanish American*
hispanoparlante *Spanish-speaking*
hogar m. *home; hearth*
hoja *leaf*
holandés m. *Dutch (language)*
holandés (holandesa) n. *Dutchman/ woman* adj. *Dutch*
holgar (ue) (gu) *to rest, be idle*
hombre m. *man*
hondo /a *deep, profound*
honra *honor*
honrado /a *honored*
honrar *to honor*
hora *hour*
huelga *strike*
huérfano /a *orphan*
hueso *bone*
huir (y) *to flee*
humeante *smoking*
humilde *humble, poor*
humillado /a *humbled*
humo *smoke*
hundir *to sink*

I

ibérico /a *Iberian*
ibero /a *Iberian*
iglesia *church*
igual *equal*
igualdad f. *equality*
igualmente *equally*
ilegal *illegal*
iletrado /a *uneducated, illiterate*
ilimitado /a *limitless, unlimited*
imagen f. *image*
imán m. *magnet*
impedir (i, i) *to prevent, impede*
imperecedero /a *imperishable*
imperio *empire*
ímpetu m. *impetus, energy*
imponer irreg. *to impose*
imprenta *printing; print shop*
imprevisible *unforeseeable*
imprevisto /a *unforseen*
impuesto *tax*
impulsar *to impel, drive forward*
inacabable *interminable*
inacabado /a *unfinished*
inagotable *inexhaustible*
inaugurar *to inaugurate*
incansable *untiring*
incapaz *incapable*
inca m., f. *Inca*

incaico /a *Incan*
incásico /a *Incan*
incendiado /a *set on fire*
incertidumbre f. *uncertainty*
incierto /a *uncertain*
incluir (y) *to include*
incluso adv. *including*
incomunicación f. *cut off from communication*
indígena n. m., f. *native*
 adj. *indigenous*
indocumentado /a *undocumented, no I.D.*
indudable *undoubted*
infante /a *prince/ princess*
infantes de marina *marines*
infiel n. m., f. *infidel, nonbeliever*
 adj. *unfaithful*
influir (y) *to influence*
inframundo *underworld*
ingenio *ingenuity, genius*
ingenuo /a *naïve, ingenuous*
inglés m. *English (language)*
inglés (inglesa) n. *Englishman/ woman*
 adj. *English*
ingresar *to come in; to deposit; to pay*
iniciar *to initiate, begin*
inmóvil *immobile*
inmundicia *filth, squalor*
inquietante *disquieting, disturbing*
inquietud f. *restlessness*
inquirir (ie) *to inquire, investigate*
inscripción f. *enrollment, registration*
inseguro /a *unsure; unsafe*
insigne *famous, renowned*
insoluble *unsolvable*
insoportable *unbearable*
instruir (y) *to instruct*
intemperie f. *foul weather, the elements*
intemporal *unseasonable*
intentar *to try, attempt*
interés m. *interest*
intérprete m., f. *interpreter*
intervenir irreg. *to intervene*
inundar *to flood*
invasor(a) *invader*
invencible *unconquerable*
inversión f. *investment*
invertir (ie, i) *to invert; invest*
inyección f. *injection*
ir irreg. *to go*

isla *island*
Islam m. *Islam*
islámico /a *Islamic*
istmo *isthmus*
izquierda: a la izquierda *to the left*

J

jamás *ever; never*
japonés m. *Japanese (language)*
japonés (japonesa) n. *Japanese man/ woman*
 adj. *Japanese*
jardín m. *garden*
jaula *cage*
jefe /a *boss; chef; chief*
jerárquico /a *hierarchic(al)*
jitomate m. *tomato*
jondo /a Andalusian Spanish for **hondo**
jornada *working day*
joven n. m., f. *youth, young*
 adj. *young*
joya *jewel*
judío /a n. *Jew*
 adj. *Jewish*
juego *game*
jueves m. *Thursday*
jugar (ue) (gu) *to play*
juguetón (juguetona) *playful*
julio *July*
junio *June*
junto /a *next to*
juntos /as *together; adjoining*
jurado *jury; juror; judge*
jurar *to swear*
jurídico /a *legal, juridical*
jurisdicción f. *jurisdiction*
justo /a *just, fair*
juventud f. *youth*

L

laberinto *labyrinth*
labriego /a *farmer*
lácteo /a adj. *milk, milky*
lado *side*
lago *lake*
lágrima *tear*
laguna *lake*
laico /a *lay (of the laity)*
lámpara *lamp*
lana *wool*
lanza *lance*
lanzar (c) *to throw, launch*
largo /a *long*
largo: a lo largo de *throughout*

latinoamericano /a *Latin American*
latir *to beat*
lazo *knot, loop; bond*
lealtad f. *loyalty*
lección f. *lesson*
lector(a) *reader*
lectura *reading (selection)*
lecho *cot, bed*
lechuza *owl*
leer (y) *to read*
lejos *far*
lema m. *motto, slogan*
lengua *tongue; language*
lenguaje m. *language*
lento /a *slow*
león (leona) *lion/ lioness*
lepra *leprosy*
letra *letter (of alphabet)*
letrado /a *literate*
levantar *to raise*
levantarse *to get up*
ley f. *law*
leyenda *legend*
libre *free*
libro *book*
líder m., f. *leader*
liga *league*
ligero /a *light*
límite m. *limit*
limpio /a *clean*
línea *line*
linterna *lantern, flashlight*
listo /a *ready; clever*
litera *litter, bunk*
llama *flame*
llamar *to call*
llamarse *to be named*
llamativo /a *flashy*
llanura *plain*
llave f. *key*
llegada *arrival*
llegar (gu) *to arrive*
llenar *to fill*
llevar *to take; to carry, bear*
llevar a cabo *to accomplish*
llorar *to cry*
llover (ue) *to rain*
lluvia *rain*
loco /a *crazy*
locura *madness*
lograr *to achieve, carry out*
lúcido /a *lucid*
lucha *struggle; battle*
luchar *to fight, struggle*

lúdico /a *playful, game-like*
luego *then, next*
lugar m. *place*
lujo *luxury*
lujoso /a *luxurious*
luna *moon*
luz f. *light*

M

macho /a *masculine, male*
madona *Madonna*
madre f. *mother*
madrileño /a *of Madrid*
madrugada *dawn, early morning*
mago /a *magician*
maíz m. *corn*
maja *elegant young woman*
majadero /a *fool*
majestuoso /a *majestic*
mal adv. *bad(ly); ill*
malandrín (maladrina) *scoundrel*
males m. pl. *evils, ills*
malo /a *bad*
mancha *spot*
manchar *to spot, stain*
mandar *to order; send*
mandar construir *to order built*
manera *manner, way*
manifestarse *to manifest*
manifiesto *manifest*
maniobra *maneuver*
manipular *to manipulate*
mano f. *hand*
mano de obra *manual labor*
mantener irreg. *to maintain*
manufacturar *to manufacture*
manzana f. *apple*
mañana *tomorrow*
mapa m. *map*
maquiavélico /a *Machiavellian*
mar m. (f. poetic) *sea*
maravilla *marvel*
maravilloso /a *marvelous*
marcha *departure; march*
marchar *to march*
marcharse *to leave*
marea *tide*
mareo *seasickness; dizziness*
margen m. *margin*
margen f. *bank (of a river)*
marido *husband*
marinero *sailor*
marioneta m., f. *marionette, puppet*
marítimo /a *maritime*

mármol m. *marble*
martes m. *Tuesday*
marzo *March*
más *more*
masa *mass; dough*
máscara *mask*
matadero *slaughterhouse*
matador m. *bullfighter*
matar *to kill*
materno /a *maternal*
matrimonio *marriage; married couple*
maya m., f. *Mayan*
mayo *May*
mayor *greater, older, major*
mayoría *majority*
mediados m. pl. *the middle*
mediante *by means of, through*
medias f. pl. *stockings; socks*
médico /a *doctor*
medida *means, measure*
medio /a *half*
medio *means, measure*
medios m. pl. *media*
mejor *better*
mejorar *to improve*
melancólico /a *melancholic*
mendigo /a *beggar*
menor *lesser, younger, minor*
menos *less*
mensaje m. *message*
mensajero /a *messenger*
mente f. *mind*
mentir (ie, i) *to lie*
menudo: a menudo *often, frequently*
mercader m. *merchant*
mercado *market*
mercancía *merchandise*
merced f. *mercy*
mescolanza *mixture, hodge-podge*
mesero /a *waiter*
meseta *plateau*
mesoamericano /a *Meso-American*
mestizaje m. *mixture of ancestry*
mestizo /a *of mixed ancestry*
metafísico /a *metaphysical*
metamorfosis f. *metamorphosis*
meta *goal*
meticuloso /a *meticulous*
metro *subway*
mezcla *mix, mixture*
mezclar *to mix*
mezquita *mosque*
mí *me*

mi *my*
miedo *fear*
miembro m., f. *member*
mientras *while, during*
migratorio /a *migratory*
mil *thousand*
milagro *miracle*
milenio *millenium*
milicia *military; troops*
militar *to militate*
milla *mile*
millares *thousands*
millón (de) m. *million*
mina *mine*
minarete m. *minaret*
minería *mining*
minero /a *miner*
ministro /a *minister*
minoría *minority*
minuto *minute*
mío /a *(of) mine*
mirar *to look at*
misa *Catholic Mass*
miseria *misery*
misionero /a *missionary*
mismo /a *same; self; very*
misterio *mystery*
místico /a *mystic(al)*
mitad f. *half*
mítico /a *mythic(al)*
mito *myth*
mitología *mythology*
modernidad f. *modernity*
modernizante *modernizing*
moda *fashion*
modo *means, manner*
molino *mill, windmill*
monarca m., f. *monarch*
monarquía *monarchy*
monasterio *monastery*
monástico /a *monastic*
moneda *coin; currency*
monje /a *monk/ nun*
monjil *nun-like; prudish*
mono /a *monkey*
montaña *mountain*
montar *to ride; mount*
monte m. *mountain*
moralista m., f. *moralist*
moreno /a *dark (hair, skin)*
moribundo /a *dying*
morir (ue, u) *to die*
moro /a *Moor*
mostrar (ue) *to show*

mover (ue) *to move*
muerte f. *death*
muerto /a *dead*
mujer f. *woman*
mula *mule*
mundial *worldly*
mundo *world*
murmullo *murmur*
muro *wall*
muslo *thigh*
musulmán (musulmana) n. m., f.; adj. *Moslem*
mutuo /a *mutual*

N

nacer (zc) *to be born*
nacimiento *birth*
nada *nothing*
nadie *nobody, no one*
napoleónico /a *Napoleonic*
narcisismo *narcissism*
nativo /a *native*
naturaleza *nature*
naufragio *shipwreck*
nave f. *ship*
navegar (gu) *to sail*
Navidad f. *Christmas*
navío *ship, vessel*
necesario /a *necessary*
necesidad f. *necessity, need*
necesitar *to need*
necio /a *foolish, stubborn*
necrópolis f. *necropolis*
negación f. *denial*
negar (ie) (gu) *to deny*
negarse (ie) (gu) a *to refuse to*
negociación f. *negotiation*
negocio *business*
negro /a *black*
neoclásico /a *neoclassic(al)*
nervioso /a *nervous*
ni... ni *neither... nor*
nicaragüense n. m., f.; adj. *Nicaraguan*
niebla *fog*
ninguno /a *not any, not one*
nivel m. *level*
niño /a *boy/ girl*
noble *noble*
nocturno /a *nocturnal*
noche f. *night*
nómada m., f. *nomad*
nombrar *to name*
nombre m. *name*
nopal m. *cactus (prickly pear)*

norafricano /a *North African*
norteño /a *northern(er)*
nosotros /a s *we*
noticia *notice, news*
noticiero /a *journalist*
novedad f. *novelty*
novela *novel*
noventa *ninety*
noviembre m. *November*
núcleo *nucleus*
nuestro /a *our*
nuevas f. pl. *the news*
nueve *nine*
nuevo /a *new*
numérico /a *numeric(al)*
número *number*
nunca *never*

O

o *or*
o... o *either... or*
obedecer (zc) *to obey*
obispo *bishop*
obra *work*
obrar *to work*
obrero /a *worker*
obsequio *gift; an honor*
obstante: no obstante *nevertheless, however*
obtener irreg. *to obtain*
ocasión f. *occasion*
occidental *occidental, western*
occidente m. *occident, west*
océano *ocean*
ocio *leisure, free time*
octubre m. *October*
ocultar *to conceal, hide*
ocupar *to busy, occupy*
ocurrir *to happen, occur*
oeste m. *West*
oficina *office*
oficio *duty, office*
ofrecer (zc) *to offer*
ofrenda *offering*
oído *hearing; inner ear*
oír irreg. *to hear*
ojo *eye*
ola *wave (ocean)*
oler irreg. *to smell*
olmeca n. m., f.; adj. *Olmec*
olor m. *smell, odor*
olvidar *to forget*
olvido *forgetfulness*
ombligo *navel*
once *eleven*

ondulación f. *ondulation*
ondulante *waving*
ópera m. *opera*
oponerse irreg. *to oppose*
opuesto /a *opposite*
orador(a) *orator, speaker*
orden m. *(numeric) order*
orden f. *order, command; religious order*
orgullo *pride*
oriente m. *east*
origen m. *origin*
orilla *shore, bank*
oro *gold*
oscuridad m. *darkness; obscurity*
oscuro /a *dark; obscure*
ostentar *to show off*
ostentoso /a *showy*
otro /a *other; another*
otrora *formerly*

P

padre m. *father*
pagano /a *pagan*
pagar (gu) *to pay*
país m. *country*
paisaje m. *landscape, countryside*
pájaro /a *bird*
paladar m. *palate*
palio *canopy*
pálpito *hunch, foreshadowing*
pampa *prairie (Argentina)*
pan m. *bread*
panadero /a *baker*
pantalla *screen*
pantalón m. *pants*
panteón m. *cemetery*
papa m. *pope*
papa *potato*
papá m. *father*
papel m. *paper; role*
para *for; toward*
paradoja *paradox*
paraíso *paradise*
parecer (zc) *to seem*
pareja *pair, couple*
parque m. *park*
parra *grapevine*
parroquia *parish*
parte f. *part*
partido *party; game, match*
partir *to divide; to leave*
pasado /a *past, last*
pasado n. *past*
pasaje m. *passage*

pasar *to happen; to pass*
pasión f. *passion; suffering*
paso *(mountain) pass; step*
pastor(a) *shepherd(ess)*
pata *foot (of animal)*
patata *potato*
patricio /a *patrician*
patriota m., f. *patriot*
patrulla *patrol*
paulatino /a *slow, gradual*
payador(a) *minstrel*
paz m., f. *peace*
pecado *sin*
pedazo *piece*
pedir (i, i) *to ask, request*
pegar (gu) *to hit; to glue*
pegarle gritos a *to shout at*
película *film, movie*
peligro *danger*
peligroso /a *dangerous*
pena *trouble, problem*
penetrar *to penetrate*
península *peninsula*
penitencia *penitence*
pensamiento *thought*
pensar (ie) *to think*
peor *worse*
pequeño /a *small*
perder (ie) *to lose*
perdurable *durable, lasting*
perecer (zc) *to perish, die*
peregrinación f. *pilgrimage*
peregrino /a *pilgrim*
perfil m. *profile, slide view*
periódico *newspaper*
periodismo *journalism*
periodista m., f. *journalist*
permanecer (zc) *to remain, stay*
pero *but*
peronismo *Peronism*
perplejo /a *perplexed*
perro /a *dog*
perseguir (i, i) (g) *to pursue; persecute*
personaje m. *character, personage*
personal m. *personnel*
pertenecer (zc) *to belong, pertain to*
pertinaz *persistent*
peruano /a *Peruvian*
pervivir *survive*
pesadilla *nightmare*
pesado /a *heavy*
pesar *to weigh*

peso *Weight; Mex. currency*
petróleo *petroleum, crude oil*
petrolero /a *relating to petroleum*
piadoso /a *pious; compassionate*
pico *(mountain) peak*
pie m. *foot*
piedra *rock, stone*
piel f. *skin*
pierna *leg*
pieza *piece*
pintar *to paint*
pintiparar *to compare; to make alike*
pintor(a) *painter*
pintura *painting*
pío /a *pious, devout*
pirámide f. *pyramid*
piso *floor*
pisotear *to step on, trample*
pista *track, trail*
placer m. *pleasure*
planeta m. *planet*
plantear *to expound; create*
plata *silver*
platicar (qu) *to chat*
plaza de toros f. *bullring*
pleito *argument, dispute*
pleno /a *full, complete*
pluma *pen; feather*
población f. *population; town*
poblado *settlement, town*
poblador(a) *settler*
poblar (ue) *to settle, populate*
pobre *poor; pitiable*
pobretón (pobretona) *pitiful (one)*
pobreza *poverty*
poco /a *few, not much/many*
poder (ue) *can; to be able*
poderío *power*
poderoso /a *powerful*
poema m. *poem*
poesía *poetry*
poeta m., f. *poet*
policultural *multicultural*
polvo *dust*
pólvora *gunpowder*
pomodoro *tomato*
ponderar *to ponder, weigh*
poner irreg. *to put*
ponerse irreg. *to set (sun)*
popularizar (c) *to popularize*
por *because of; for; per*
por qué *why*
porque *because*
portador(a) *bearer*

portar *to bear, carry*
porteño /a *(of a) port*
pórtico *portal; porch*
portugués m. *Portuguese (language)*
portugués (portuguesa) n. m., f. *Portuguese man/ woman* adj. *Portuguese*
posar *to pose*
poseer *to possess*
potencia *power; potency*
potro /a *colt*
pradera *prairie, meadow*
pragmático /a *pragmatic, practical*
precio *price*
precioso /a *precious; costly*
precolombino /a *pre-Columbian*
preferir (ie, i) *to prefer*
pregunta *question*
preguntar *to ask*
prejuicio *prejudice*
premonición f. *premonition*
prensa *press*
preocupación f. *worry*
preparar *to prepare*
presagio *omen, portent*
prevalecer (zc) *to prevail*
prevenir irreg. *to prevent; anticipate*
prever *to foresee*
previsión f. *forecast; precaution*
previsto /a *foreseen*
prieto /a *dark (skinned), black*
primavera *spring*
primero /a *first*
primogénito /a *firstborn*
primor m. *delicacy; beautiful thing*
princesa *princess*
principal *principal, most important*
príncipe m. *prince*
principio *beginning; principle*
privar *to deprive*
probar (ue) *to test, try; to taste*
problema m. *problem*
proceso *process; trial*
proclamar *to proclaim*
pródigo /a *lavish, prodigal*
producir irreg. *to produce*
profecía *prophesy*
profeta m. *prophet*
profetizar (c) *to prophesy*
profundidad f. *depth, profundity*
profundo /a *deep, profound*

programa m. *program*

progresista n. m., f.; adj. *progressive*

promesa *promise*

prometer *to promise*

pronto *soon*

propagar (gu) *to propagate*

propiciar L.A. *to favor*

propiciatorio /a *propiciatory*

propicio /a *propitious*

propiedad f. *property*

propietario /a *proprietary*

propio /a *own*

proponer irreg. *to propose*

proporcionar *to proportion*

propósito *purpose*

propuesta *proposal*

propulsión f. *propulsion*

prosperidad f. *prosperity*

próspero /a *prosperous*

protagonista m., f. *protagonist, character*

protección m. *protection*

proteger (j) *to protect*

protesta m. *protest*

prototipo *prototype*

proveniente *arising, originating*

provenir irreg. *to originate*

provenzal *Provençal*

provincia *province*

provinciano /a *provincial*

provisión f. *provision, supply*

provocar (qu) *to provoke*

próximo /a *next*

proyectar *to project*

proyecto *project*

prudente *prudent, wise*

prueba *trial, test*

público /a *public*

pudridero *rubbish heap*

pudrir (podrir) *to rot*

pueblo *people; village*

puerto *port*

puertorriqueño /a *Puerto Rican*

pues *well; then*

púlpito *pulpit*

punta *point, tip*

punto *point, period*

punto de vista m. *point of view*

puntualidad f. *punctuality*

puramente *purely, simply*

pureza *purity*

purificación f. *purification*

purificar (qu) *to purify*

puritano /a *Puritan*

puro /a *pure; sheer, simple*

Q

¿qué? *what?*

que *that, who, which*

quechua n. m., f.; adj. *Quechua (Andean)*

quedarse *to stay, remain*

queja *complaint*

quejarse *to complain*

quemar *to burn*

quemarropa: a quemarropa *point-blank*

querer irreg. *to want; love*

querido /a *dear*

¿quién? *who?*

quietud f. *quiet, quietness*

quilla *keel (of a ship)*

quinientos *five hundred*

quinto /a *fifth*

quizá, quizás *maybe, perhaps*

R

racionar *to ration*

raíz f. *root*

ranchero /a *rancher*

rapidez f. *rapidity*

rápido /a *rapid*

raro /a *rare*

rasgo *trait, feature; trace*

rato *moment, a while*

raza *race*

razón f. *reason*

razonable *reasonable*

reaccionar *to react*

real *royal; real*

realizar (c) *to accomplish*

rebasar *to exceed, surpass*

rebelarse *to rebel*

rebelde m., f. *rebel*

rebeldía *rebelliousness*

recámara *bedroom, chamber*

recibir *to receive*

recién adj. *recently*

reclamar *to reclaim*

recoger (j) *to pick up*

recompensar *to reward*

reconocible *recognizable*

reconocimiento *recognition*

reconquista *reconquest*

reconstruir (y) *to reconstruct*

recordar (ue) *to remember*

recorrer *to travel through; cover*

recorrido *journey*

recreo *recreation*

recuerdo *memory*

recurso *resource*

rechazar (c) *to reject, refuse*

red f. *net; network*

redención f. *redemption*

redentor(a) *redeemer*

redimir *to redeem*

redondo /a *round*

reducir (zc) *to reduce*

reflejar *to reflect*

reflejo *reflection*

reforzar (ue) (c) *to reinforce*

refugiarse *to take refuge*

refugio *shelter, refuge*

regalo *gift*

régimen m. *regime, diet*

regresar *to return*

rehusar *to refuse*

reina *queen*

reinar *to reign*

reinado *reign, rule*

reino *kingdom*

reír(se) (i) (de) *to laugh (at)*

relámpago *lightening (bolt)*

religar (gu) *to reunite*

reloj m. *clock; watch*

remedio *remedy, cure*

rememorar *to commemorate*

remontar a *to date back to*

renacentista invar. adj. *(of the) Renaissance*

renacer (zc) *to be reborn*

rendirse (i, i) *to yield; surrender*

renovar(se) (ue) *to renew*

renunciar *to renounce*

repartir *to distribute, share*

repetir (i, i) *to repeat*

réplica *reproduction, replica*

replicar (qu) *to replicate, duplicate*

representante n. m., f.; adj. *representative*

reprimir *to repress*

requerido /a *required*

rescatar *to rescue, ransom*

resolver (ue) *to resolve*

respaldo *backing*

respuesta *answer*

restaurar *to restore*

restorán, restaurante m. *restaurant*

restos m. pl. *(mortal) remains*

resucitar *resuscitate*

resultado *result*

retener irreg. *to retain*

retirar *to retire, withdraw*

retratar *to portray*

retrato *portrait*

reunión f. *meeting; reunion*

reunir *to reunite*

reunirse *to meet*

revelar *to reveal; to develop (film)*

revuelto /a *mixed, scrambled*

rey m. *king*

rezar (c) *to pray*

rico /a *rich*

riesgo *risk*

rincón m. *corner*

río *river*

rioplatense *of the River Plate (Argentina)*

riqueza *riches, richness*

risco *cliff*

ritmo *rhythm*

roca *rock*

rociar (í) *to sprinkle*

rodear *to surround*

rojo /a *red*

romper *to break*

ropaje m. *clothing*

rostro *face*

rueda *wheel*

ruidoso /a *noisy*

rumbo /a *toward*

rumor m. *rumor; noise*

ruta *route*

S

sábado *Saturday*

saber irreg. *to know*

sabiduría *wisdom*

sabio/a *wise*

sable m. *sabre*

sabor m. *flavor*

saborear *to taste*

saboteador(a) *saboteur*

sacar (qu) *to take out*

sacerdocio *priesthood*

sacerdote (sacerdotisa) *priest/priestess*

saco *looting, sacking*

sacralidad f. *(Fuentes) sacredness*

sagrado /a *sacred*

sal f. *salt*

sala *living room; large room*

salir irreg. *to leave, go out*

salón m. *salon*

salvación f. *salvation*

salvaje *savage*

salvarse *to be saved*

salvo prep. *except*
salvo /a adj. *safe, saved*
sangrar *to bleed*
sangre f. *blood*
sangriento /a *bloody*
sanguinario /a *bloody*
Santiago *Saint James*
santidad f. *sanctity, holiness*
santificar (qu) *to sanctify*
santo /a *saint*
santuario *sanctuary*
saquear *to pillage, loot*
satélite m. *satellite; suburb*
satisfacer irreg. *to satisfy*
satisfecho /a *satisfied*
secar (qu) *to dry*
secreto *secret*
secuestrar *to kidnap*
sed f. *thirst*
seda *silk*
sede f. *seat, headquarter*
seducir (zc) *to seduce*
sefardí *Sephardic Jew*
en seguida *at once*
seguir (i, i) (g) *to follow*
seguridad f. *safety*
seguro /a *sure, safe*
seis *six*
selva *jungle*
semana *week*
sembrador(a) *sower*
sembrar (ie) *to sow*
semejante *similar*
semejar *to resemble*
semilla *seed*
sentido *sense; meaning*
sentimiento *sentiment, feeling*
sentir (ie, i) *to feel*
señalar *to point, indicate*
septiembre m. *September*
sepultado /a *buried*
sequía *drought*
ser irreg. *to be*
serenidad f. *serenity*
serie f. *series*
seriedad f. *seriousness*
serpiente f. *serpent*
serranía *mountains*
servidumbre f. *servitude*
servir (i, i) *to serve*
si *if*
sí *yes*
siempre *always*
sierra *mountain*

siete *seven*
sífilis f. *syphilis*
sigla *seal*
siglo *century*
significar (qu) *to mean, signify*
signo *sign*
símbolo *symbol*
simetría *symmetry*
simpatía *sympathy*
sin *without*
sincrético /a *syncretic*
sincretismo *syncretism (mixture of religious beliefs)*
sindicato /a *union, syndicate*
sino *but*
sinuoso /a *sinuous, winding*
siquiera *even*
sirena *siren*
sirviente m., f. *servant*
sistema m. *system*
sitio *site*
situar (ú) *to situate*
situado: estar situado /a *to be located*
soberanía *sovereignty*
soberano /a *sovereign*
sobre *on, on top of*
sobrenatural *supernatural*
sobresalir irreg. *to stand out*
sobrevivir *to survive*
socio /a *associate, colleague*
sol m. *sun*
solamente *only*
soldado /a *soldier*
soledad f. *loneliness*
soler (ue) *to be accustomed to*
solitario /a *solitary*
solo /a *lonely, alone*
sólo *only*
soltar (ue) *to loose, loosen*
sombra *shadow*
sombrío /a *sombre*
someter *to submit*
sometido /a *subjected*
son m. *sound; Cuban dance*
sonar (ue) *to ring, sound*
sonriente *smiling*
sonrisa *smile*
soñador(a) *dreamer*
soñar (ue) *to dream*
soportar *to endure, support*
sordo /a *deaf*
soroche m. *mountain sickness*
sorprender *to surprise*
sorpresa *surprise*

sospechoso /a *suspicious*
sostén m. *sustenance, support*
sostener irreg. *to sustain, maintain*
soviético /a *Soviet*
su *his/ her/ your/ their*
suave *soft*
súbdito /a *subject (of a ruler)*
subir *to rise, go up*
súbitamente *suddenly*
sublimir *to sublimate*
subrayar *to underline, emphasize*
subsiguiente *subsequent*
subsuelo *subsoil*
subterráneo /a *subterranean*
suceso *event*
sucinto /a *succinct*
sucumbir *to succumb*
suelo *floor*
suelto /a *loose*
sueño *dream; sleep*
suerte f. *luck*
suficiente *enough, sufficient*
sufragio *suffrage*
sufrimiento *suffering*
sufrir *to suffer*
sujeción f. *subjection*
sumar *to add*
suntuoso /a *sumptuous*
superficie f. *surface*
superioridad f. *superiority*
superpotencia *superpower*
supervivencia *survival*
suplir *to supply, replace*
supremo /a *supreme*
suprimir *to suppress*
supuesto /a *supposed*
sur m. *south*
suramericano /a *South American*
sugerir (ie, i) *to suggest*
surgir (j) *to spring up, appear*
suspirar *to sigh*

T

tabaco *tobacco*
tablado *stage, platform; flamenco*
tablero *(bulletin) board*
taconeo *heel tapping*
tal *such (a)*
tamaño *size*
también *also, too*
tampoco *neither*
tan *so, as*
tanque m. *tank*
tanto /a *so much*

tarde f. *afternoon*
tauromaquia *bullfighting*
te deum *Latin hymn in mass*
té m. *tea*
techo *roof, ceiling*
tedio *tedium*
telón m. *theatre curtain*
tema m. *theme*
temblar (ie) *to tremble, shake*
tembloroso /a *trembling*
temer *to fear*
temor m. *fear*
templo *temple*
temporada *season*
temprano /a *early*
tender (ie) *to tend*
tener irreg. *to have*
tener lugar *to take place*
tentador (tentadora) *temptor/ temptress*
tercer, tercero /a *third*
terminar *to finish*
término *end; term, period*
terrateniente m., f. *landholder*
terraza *terrace*
terremoto *earthquake*
terrenal *earthly*
terreno *land, property*
terrestre *earthly, terrestrial*
tesoro *treasure; treasury*
testarudo /a *stubborn, obstinate*
testigo m., f. *witness*
tiempo *time; weather*
tienda *store*
tienda de campaña *tent*
tierra *earth; world*
tierra de nadie *no-man's land (land taken from Moors during the Reconquest)*
tipo *type, kind*
tira *strip*
tiranía *tyranny*
tirar *to throw, throw away*
título *title*
tocar (qu) *to touch; to play (a musical instrument)*
tocino *bacon*
todavía *still*
todo /a *all*
tomar *to take; to drink*
tomate m. *tomato*
toparse con *to run into, chance upon*
toque m. *touch; shock*
torero /a *bullfighter*

tormenta *storm*

torno *turn*

toro *bull*

torre f. *tower*

torreón m. *fortified tower*

torturar *to torture*

trabajador(a) *worker*

trabajar *to work*

trabajo *work*

traducir (zc) *to translate*

traductor(a) *translator*

traer irreg. *to bring*

trágico /a *tragic*

traición f. *betrayal, treason*

traidor(a) *traitor*

traje m. *suit*

traje de luces m. *bullfighter's outfit*

trampa *trap*

tránsito *traffic; transit*

transmisible *transmittable*

tras *after, following*

trasiego m. *moving*

trasladar *to move, transfer*

traslado *transfer*

tratado *treaty*

tratar *to deal with*

tratar de *to try*

trato *treatment*

través: a través de *through*

trazar (c) *to trace*

tregua *truce*

treinta *thirty*

trepidar *to tremble*

tres *three*

trescientos *three hundred*

tribu f. *tribe*

tributar *to pay tribute*

tributo *to tribute*

trigo *wheat*

triste *sad*

triturar *to grind, crush*

trompeta *trumpet*

trono *throne*

tropa *troop*

trovador(a) *troubador*

tú *you (sing. familiar)*

tu *your (sing. familiar)*

tumba *grave, tomb*

turco /a *Turk*

U

ubérrimo /a *very fertile*

ufano /a *proud, disdainful*

último /a *last*

ultramar m. *overseas*

un, uno /a *a, an; one*

único /a *only; unique*

unidad f. *unity; unit*

unido /a *united*

unificar (qu) *to unify*

unir *to unite*

unirse (a) *to join*

uña *fingernail; toenail*

urgir (j) *to urge*

usted *you (sing. formal)*

V

vacío /a *empty*

vacuidad f. *vacuity, emptiness*

valeroso /a *brave*

valiente *brave*

valioso /a *valuable*

valor m. *courage; worth*

valle m. *valley*

vasco /a *Basque*

veces: a veces *occasionally, sometimes*

vecino /a *neighbor*

veinte *twenty*

vela *veil*

veloz *rapid, swift*

vena *vein*

vencer (z) *to conquer*

vencido /a *conquered*

vendedor(a) *salesperson*

vender *to sell*

vengador(a) n. m., f. *avenger* **adj.** *vengeful*

venganza *vengeance, revenge*

vengarse (gu) *to avenge*

venir irreg. *to come*

ventaja *advantage*

ventana *window*

ver *to see*

verano *summer*

verbalizar (c) *to verbalize*

verdad f. *truth*

verdadero /a *truthful, true*

verde *green*

verdugo *hangman, executioner*

vergonzoso /a *shameful*

vestirse (i, i) *to get dressed*

veta *vein, seam, streak*

vez f. *time (occasion)*

vía n. *Way, road* **prep.** *by way of*

vía láctea *Milky Way*

viaje m. *trip, voyage*

viajero /a *traveler*

víctima m., f. *victim*

vida *life*

viejo /a *old*

viento *wind*

vientre m. *womb*

vietnamita m., f. *Vietnamese*

vigente *valid*

vincular *to link*

vino *wine*

viña *vineyard*

violar *to violate; to rape*

viraje m. *turn, bend; turning point*

virreinal adj. *viceregal*

virreinato *viceroyalty*

virrey m. *viceroy*

virtud f. *virtue*

visigodo /a *Visigoth*

visitar *to visit*

vista *sight, view*

viuda *widow*

vivir *to live*

vivo /a *alive; lively*

volcán m. *volcano*

valcánico /a *volcanic*

volcanizar (c) *to volcanize*

voltear *to turn (over)*

voluntad f. *will*

volver (ue) *to return, come back*

volverse (ue) *to become, turn into*

vómito *vomit*

voz f. *voice*

vuelta *return; bend, turn*

X

xitomatl m *tomato (Náhuatl) = (ji)tomate*

Y

yacer (zc) *to lie*

Z

zanja *ditch*

zapatismo *Zapata movement*

zapato *shoe*

zapoteca n. m., f.; adj. *Zapotecan*

zarpar *to set sail*

zorro /a *fox*

ABOUT THE AUTHORS

David Curland is Senior Instructor Emeritus, Department of Romance Languages, University of Oregon. He was involved in the early application of film and video to the foreign language classroom and is the author of several instructional video series: *La catrina* (Prentice Hall, 1992) and its sequel *El último secreto* (1997, Prentice Hall) as well as their accompanying novellas. The original workbook to accompany *El espejo enterrado* (McGraw-Hill, 1994) was co-authored by Prof. Juan Epple and Jim Heinrich. He has been awarded two Fulbright lectureships: University of Madrid (1972-1973) and University of Seville (1977-1978).

Robert L. Davis is Associate Professor and the Director of the Spanish Language Program at the University of Oregon. He teaches courses in Spanish language, historical linguistics, and teaching methodology. His interests include language pedagogy and materials development, in particular the development of language skills within content-based instruction. He has co-authored an introductory textbook on the language and cultures of the Spanish-speaking world (*Entrevistas*, McGraw Hill, 2004), an advanced oral skills textbook (*Tertulia*, ITP, 2001), and articles on language pedagogy, materials development, and language program direction.

Luis Verano has been a faculty member in the Department of Romance Languages at the University of Oregon since 1971. His specialty is Spanish Golden Age literature with a particular interest in Cervantes. He also teaches courses in Peninsular and Latin American poetry, advanced Spanish language, and courses for teachers interested in working with literature in the language classroom. He was Director of Undergraduate Studies from 1974 until 2004. He is the recipient of six teaching-excellence awards, and his teaching interests have led to the publication of many ancillary materials for language texts and video programs, including various collaborative works with David Curland. He is the co-author with María Raquel Bozzi of the script for the *Buen viaje* video of Glencoe-McGraw Hill's first- and second-year Spanish program.